カトリック儀式書別冊

葬儀ミサ

――『ミサの式次第（二〇二二新版）』準拠

カトリック中央協議会

出版にあたって

日本語版のカトリック儀式書『葬儀』は、一九七一年に初版、そして一九九三年に改訂版が発行され、以来三十年が経過しました。二〇〇四年に「補遺」を加えて再版した際に、当時の日本カトリック典礼委員会委員長である梅村昌弘司教様がその補遺の巻頭で述べておられるように、「現在、『ミサ典礼書』の改訂作業が進行中であり、本儀式書にもミサと関連する部分が記載されていることから、全面的な改訂は『ミサ典礼書』の改訂作業が終了してから」行われることになります。

他方、宣教司牧の現場では、二〇二二年十一月二十七日から『ミサの式次第（二〇二二新版）』が実施されたことに伴い、葬儀ミサの際にカトリック儀式書『葬儀』と『ミサの式次第（二〇二二新版）』を併用する不便が生じていました。しかし、『ローマ・ミサ典礼書』の改訂作業にはまだ時間を要するために、葬儀ミサの部分について、『ミサの式次第（二〇二二新版）』に準拠した別冊を準備し、司式者の典礼奉仕の便宜に供することにしました。

将来、『ローマ・ミサ典礼書』の改訂作業が終了し、『葬儀』儀式書が全面的に改訂されるまでの間、本別冊が「キリスト教における死の過越の性格をより明らかに表現」（第二バチカン公会議『典礼憲章』81）する葬儀ミサの円滑な執行のために、お役に立つことを願っています。

二〇二三年七月二十九日、聖マルタ　聖マリア　聖ラザロの記念日に

日本カトリック典礼委員会
委員長　白浜　満

目次

出版にあたって……3
葬儀ミサ……9
開　祭……11
ことばの典礼……16
感謝の典礼……43
告別と葬送……74
付録一　種々の祈願……99
付録二　聖書朗読箇所……119

葬儀ミサ

138 葬儀はミサによって通常行われるが、事情によってことばの祭儀による葬儀を行うこともできる。
葬儀は次のような順序で執り行われる。

ミサによる葬儀

1 開祭
2 ことばの典礼
3 感謝の典礼
4 告別と葬送

ことばの祭儀による葬儀

1 開祭
2 ことばの典礼
3 告別と葬送

139 以下の式は葬儀が教会で行われる場合を想定しているが、自宅やその他の場所でも用いることができる。参列者や場所の状況に応じて適当な配慮をする。
式中の参列者の動作などについては、信者でない人々のことを配慮して適切な指示を与えるようにする。

140 遺体の置き方については特に定めない。教会内では一般に頭部を祭壇に向けて安置する。また、過越の秘義が中心であることがよくわかるように安置する。したがって、十字架、祭壇、復活のろうそく、柩が参列者からよく見えるように配慮する。

用意するもの

・柩を置く台、柩を覆う白布

・自宅などで行う場合は仮祭壇として白布で覆った小机の上に十字架を置き、ろうそくをともす

・復活のろうそく（復活のろうそくを一本だけ用いるのは、復活されたキリストが唯一の希望であることを表すためである）、あるいはこれにかわるろうそく

・遺影

・献香と焼香に必要な用具一式、献花を行う場合はそのための花と台

・聖水、灌水器

・感謝の祭儀（ミサ）に必要な祭具一式

・必要であれば聖書、聖歌集、会衆用式次第

・式次第を参列者から見えるところに掲示すると便利である

開　祭

141 **はじめのことば**

進行係あるいは先唱者の、たとえば次のようなことばで始める。

先　**ただいまより○○○○さんの葬儀《そうぎ》を行《おこな》います。**

142 **入堂の行列と入祭の歌**

入堂とそれに続く遺体への表敬は、教会の構造や状況に応じて工夫することが望ましい。たとえば次のような方法で行うことができる。

司祭は火をともした復活のろうそくを手に、奉仕者（香と聖水を持つ）を伴い、沈黙のうちに聖堂入り口で柩を迎える。

司祭が先頭に立ち、奉仕者は柩の前、遺族は柩の後ろに立つ（遺影を持つ遺族がいる場合は奉仕者の後ろ、柩のすぐ前に立つ）。

行列の準備が整うと、司祭はたとえば次のようなことばを述べる。

司　**世《よ》の光《ひかり》キリストとともに神《かみ》の祭壇《さいだん》に向《む》かって進《すす》みましょう。**

行列の間に入祭の歌が歌われる。歌わない場合は、オルガン演奏か沈黙にかえることができる。入祭唱は唱えない。

柩あるいはお骨がすでに祭壇の前に安置されている場合は、司祭は通常どおり入堂する。

143 **遺体への表敬**

祭壇の前に着くと復活のろうそくを柩のかたわらに置く。

祭壇上のろうそくに点火する場合は、奉仕者が復活のろうそくから火をとる。

柩を大きな白布で覆い、遺影を置いてから柩に灌水し、続いて柩と祭壇に献香する。

144 **招きのことば**

司祭はたとえば次のようなことばで一同を祈りに招く。

司　**皆《みな》さん、主《しゅ》キリストはわたしたちの救《すく》いのために人《ひと》となり、十字架上《じゅうじかじょう》で亡《な》くなられ**

た後《のち》、復活《ふっかつ》して栄光《えいこう》をお受《う》けになりました。生涯《しょうがい》キリストとともに生《い》き、神《かみ》のもとに召《め》された○○○さんは、またキリストとともに復活《ふっかつ》の栄光《えいこう》にあずかることをわたしたちは信《しん》じています。これから行《おこな》われるミサは、キリストの死《し》と復活《ふっかつ》を記念《きねん》し、これにあずかるすべての人《ひと》を復活《ふっかつ》のいのちに招《まね》くものです。この復活《ふっかつ》の信仰《しんこう》を新《あら》たにしてともに祈《いの》りましょう。（沈黙）

145

集会祈願

集会祈願は次の中から、あるいは付録一の祈願（99ページ以下）からふさわしいものを選ぶ。

司　**全能《ぜんのう》の、神《かみ》である父《ちち》よ、**
あなたのひとり子《ご》の死《し》と復活《ふっかつ》を信《しん》じるわたしたちの祈《いの》りを聞《き》き入《い》れてください。
キリストのうちにあって眠《ねむ》りについた（兄弟《きょうだい》／姉妹《しまい》）○○○が、
キリストの復活《ふっかつ》に、喜《よろこ》びをもってあずかることができますように。
聖霊《せいれい》による一致《いっち》のうちに、あなたとともに神《かみ》であり、世々《よよ》とこしえに生《い》き、
治《おさ》められる御子《おんこ》、わたしたちの主《しゅ》イエス・キリストによって。

一同　**アーメン。**

または

司　恵《めぐ》み豊《ゆた》かな神《かみ》よ、
いつくしみをもってわたしたちの祈《いの》りを聞《き》き入《い》れてください。
死者《ししゃ》のうちから復活《ふっかつ》された御子《おんこ》キリストに対《たい》するわたしたちの信仰《しんこう》を強《つよ》め、
みもとに召《め》された〇〇〇〇の復活《ふっかつ》を待《ま》つわたしたちの希望《きぼう》を
不動《ふどう》のものとしてくださいますように。
聖霊《せいれい》による一致《いっち》のうちに、あなたとともに神《かみ》であり、世々《よよ》とこしえに生《い》き、
治《おさ》められる御子《おんこ》、わたしたちの主《しゅ》イエス・キリストによって。

一同　アーメン。

または

司　いのちを与《あた》えてくださった神《かみ》よ、
あなたのもとに召《め》された〇〇〇〇の上《うえ》に、いつくしみを注《そそ》いでください。
あなたの限《かぎ》りない愛《あい》を信《しん》じる者《もの》にとって死《し》は終《お》わりではなく、

わたしたちとのきずなを断《た》ち切《き》るものでもありません。
キリストの復活《ふっかつ》の光《ひかり》の中《なか》に希望《きぼう》をもってあずかることができますように。
聖霊《せいれい》による一致《いっち》のうちに、あなたとともに神《かみ》であり、世々《よよ》とこしえに生《い》き、
治《おさ》められる御子《おんこ》、わたしたちの主《しゅ》イエス・キリストによって。

一同　アーメン。

洗礼を受けた幼子のため

司　全能《ぜんのう》の神《かみ》よ、
あなたは、永遠《えいえん》のはからいによって幼《おさな》いいのちをお召《め》しになりました。
あなたの子《こ》どもとなり、今《いま》は永遠《えいえん》の国《くに》に住《す》む幼子《おさなご》と、
いつかわたしたちも終《お》わることのないいのちをともにすることができますように。
聖霊《せいれい》による一致《いっち》のうちに、あなたとともに神《かみ》であり、世々《よよ》とこしえに生《い》き、
治《おさ》められる御子《おんこ》、わたしたちの主《しゅ》イエス・キリストによって。

一同　アーメン。

司　**心《こころ》のうれいを取《と》り去《さ》り、慰《なぐさ》めをお与《あた》えになる神《かみ》よ、**
あなたは、幼子《おさなご》をなくした人々《ひとびと》の悲《かな》しみも信仰《しんこう》もご存《ぞん》じです。
わたしたちのもとを去《さ》った幼子《おさなご》が
いつくしみのみ手《て》に抱《いだ》かれていることを悟《さと》らせてください。
聖霊《せいれい》による一致《いっち》のうちに、あなたとともに神《かみ》であり、世々《よよ》とこしえに生《い》き、
治《おさ》められる御子《おんこ》、わたしたちの主《しゅ》イエス・キリストによって。

一同　**アーメン。**

ことばの典礼

146　聖書朗読は通常のミサと同じように行う。三つの朗読を行う場合、第一朗読は旧約聖書から選ぶ。故人や遺族、参列者の事情を十分に考慮して朗読箇所を選ぶ。

147　第一朗読と答唱詩編として（一）から（五）の五つの例をあげてある。**付録二の朗読箇所の例**（119ページ以下）から状況に応じて選ぶこともできる。

答唱詩編は皆で歌うことが望ましいが、歌わない場合は詩編を朗唱するか沈黙にかえることもできる。

（一）

148

第一朗読（イザヤ25・6a、7―9）

イザヤの預言《よげん》

〔その日《ひ》、〕
万軍《ばんぐん》の主《しゅ》はこの山《やま》で祝宴《しゅくえん》を開《ひら》き
すべての民《たみ》に良《よ》い肉《にく》と古《ふる》い酒《さけ》を供《きょう》される。
主《しゅ》はこの山《やま》で
すべての民《たみ》の顔《かお》を包《つつ》んでいた布《ぬの》と
すべての国《くに》を覆《おお》っていた布《ぬの》を滅《ほろ》ぼし
死《し》を永久《えいきゅう》に滅《ほろ》ぼしてくださる。
主《しゅ》なる神《かみ》は、すべての顔《かお》から涙《なみだ》をぬぐい

御自分《ごじぶん》の民《たみ》の恥《はじ》を地上《ちじょう》からぬぐい去《さ》ってくださる。
これは主《しゅ》が語《かた》られたことである。
その日《ひ》には、人《ひと》は言《い》う。
見《み》よ、この方《かた》こそわたしたちの神《かみ》。
わたしたちは待《ま》ち望《のぞ》んでいた。
この方《かた》がわたしたちを救《すく》ってくださる。
この方《かた》こそわたしたちが待《ま》ち望《のぞ》んでいた主《しゅ》。
その救《すく》いを祝《いわ》って喜《よろこ》び踊《おど》ろう。

朗読者　**神《かみ》のみことば。**

一同　**神《かみ》に感謝《かんしゃ》。**

149

答唱詩編（詩編42・2、3＋4、5、6）

典礼聖歌144「谷川の水を求めて」を歌うことができる。

谷川《たにがわ》の水《みず》を求《もと》めて、あえぎさまよう鹿《しか》のように、

神《かみ》よ、わたしはあなたを慕《した》う。
わたしの心《こころ》はあなたを求《もと》め、神《かみ》のいのちをあこがれる。
わたしが行《い》ってみ前《まえ》にいたり、み顔《かお》を仰《あお》げる日《ひ》はいつか。
わたしは日夜神《にちやかみ》を問《と》われて、明《あ》け暮《く》れ涙《なみだ》を食物《しょくもつ》とする。
思《おも》い起《お》こせば心《こころ》は高鳴《たかな》る。喜《よろこ》び祝《いわ》う人々《ひとびと》の群《む》れ。
感謝《かんしゃ》と賛美《さんび》の歌声《うたごえ》の中《なか》を、わたしはみ前《まえ》に進《すす》み出《で》た。
わたしの心《こころ》はなぜ、うちしずみ、思《おも》いみだして嘆《なげ》くのか。
救《すく》いの神《かみ》に希望《きぼう》をいだき、かつてのようにみ前《まえ》に進《すす》み、
賛美《さんび》の祭《まつ》りをささげよう、わたしの救《すく》い、わたしの神《かみ》に。

(二)

150

第一朗読（ローマ8・31―35、37―39）

使徒《しと》パウロのローマの教会《きょうかい》への手紙《てがみ》

〔皆《みな》さん、〕これらのことについて何《なん》と言《い》ったらよいだろうか。もし神《かみ》がわたした

ちの味方《みかた》であるならば、だれがわたしたちに敵対《てきたい》できますか。わたしたちすべてのために、その御子《おんこ》をさえ惜《お》しまず死《し》に渡《わた》された方《かた》は、御子《おんこ》と一緒《いっしょ》にすべてのものをわたしたちに賜《たまわ》らないはずがありましょうか。だれが神《かみ》に選《えら》ばれた者《もの》たちを訴《うった》えるでしょう。人《ひと》を義《ぎ》としてくださるのは神《かみ》なのです。だれがわたしたちを罪《つみ》に定《さだ》めることができましょう。死《し》んだ方《かた》、否《いな》、むしろ、復活《ふっかつ》させられた方《かた》であるキリスト・イエスが、神《かみ》の右《みぎ》に座《すわ》っていて、わたしたちのために執《と》り成《な》してくださるのです。
だれが、キリストの愛《あい》からわたしたちを引《ひ》き離《はな》すことができましょう。艱難《かんなん》か。苦《くる》しみか。迫害《はくがい》か。飢《う》えか。裸《はだか》か。危険《きけん》か。剣《つるぎ》か。しかし、これらすべてのことにおいて、わたしたちは、わたしたちを愛《あい》してくださる方《かた》によって輝《かがや》かしい勝利《しょうり》を収《おさ》めています。わたしは確信《かくしん》しています。死《し》も、命《いのち》も、天使《てんし》も、支配《しはい》するものも、現在《げんざい》のものも、未来《みらい》のものも、力《ちから》あるものも、高《たか》い所《ところ》にいるものも、低《ひく》い所《ところ》にいるものも、他《た》のどんな被造物《ひぞうぶつ》も、わたしたちの主《しゅ》キリスト・イエスによって示《しめ》された神《かみ》の愛《あい》から、わたしたちを引《ひ》き離《はな》すことはできないのです。

朗読者

神《かみ》のみことば。

一同　**神《かみ》に感謝《かんしゃ》。**

151　**答唱詩編**（詩編116・3＋4、5＋6、7＋8、9＋12、16＋14）

典礼聖歌82「神を敬う人の死は」を歌うことができる。

死《し》とその苦《くる》しみが迫《せま》り、苦悩《くのう》の中《なか》にあったとき、
わたしは神《かみ》の名《な》を求《もと》めて叫《さけ》んだ。「神《かみ》よ、わたしを助《たす》けてください。」
神《かみ》は恵《めぐ》みといつくしみに満《み》ち、わたしたちの神《かみ》はあわれみ深《ふか》い。
神《かみ》は素朴《そぼく》な人《ひと》の支《ささ》え、苦《くる》しむ人《ひと》を力《ちから》づけてくださる。
平和《へいわ》がふたたびわたしに訪《おとず》れる。神《かみ》は恵《めぐ》みを注《そそ》いでくださった。
神《かみ》はわたしを死《し》から救《すく》って涙《なみだ》をぬぐい、足《あし》がつまずかないように支《ささ》えられた。
わたしは神《かみ》の前《まえ》を歩《あゆ》む、神《かみ》に生《い》きる人々《ひとびと》の中《なか》で。
神《かみ》が与《あた》えてくださったすべての恵《めぐ》みに、わたしはどのようにこたえようか。
神《かみ》よ、わたしはあなたのしもべ。あなたはわたしを救《すく》われる。
すべての民《たみ》の前《まえ》に進《すす》み出《で》て、神《かみ》に立《た》てた誓《ちか》いを果《は》たそう。

（三）

152　第一朗読（ローマ14・7—9、10c—11）

使徒《しと》パウロのローマの教会《きょうかい》への手紙《てがみ》

〔皆《みな》さん、〕わたしたちの中《なか》には、だれ一人《ひとり》自分《じぶん》のために生《い》きる人《ひと》はなく、だれ一人《ひとり》自分《じぶん》のために死《し》ぬ人《ひと》もいません。わたしたちは、生《い》きるとすれば主《しゅ》のために生《い》き、死《し》ぬとすれば主《しゅ》のために死《し》ぬのです。従《したが》って、生《い》きるにしても、死《し》ぬにしても、わたしたちは主《しゅ》のものです。キリストが死《し》に、そして生《い》きたのは、死《し》んだ人《ひと》にも生《い》きている人《ひと》にも主《しゅ》となられるためです。わたしたちは皆《みな》、神《かみ》の裁《さば》きの座《ざ》の前《まえ》に立《た》つのです。こう書《か》いてあります。

「主《しゅ》は言《い》われる。

『わたしは生《い》きている。

すべてのひざはわたしの前《まえ》にかがみ、

すべての舌《した》が神《かみ》をほめたたえる』と。」

朗読者　**神《かみ》のみことば。**
一同　**神《かみ》に感謝《かんしゃ》。**

153　**答唱詩編**（詩編23・1、2+3、4、5、6）
典礼聖歌123「主はわれらの牧者」を歌うことができる。

主《しゅ》はわれらの牧者《ぼくしゃ》、わたしは乏《とぼ》しいことがない。
神《かみ》はわたしを緑《みどり》の牧場《まきば》に伏《ふ》させ、憩《いこ》いの水辺《みずべ》に伴《ともな》われる。
神《かみ》はわたしを生《い》き返《かえ》らせ、いつくしみによって正《ただ》しい道《みち》に導《みちび》かれる。
たとえ死《し》の陰《かげ》の谷《たに》を歩《あゆ》んでも、わたしは災《わざわ》いを恐《おそ》れない。
あなたがわたしとともにおられ、その鞭《むち》と杖《つえ》はわたしを守《まも》る。
あなたはわたしにむかう者《もの》の前《まえ》で、わたしのために会食《かいしょく》を整《ととの》え、
わたしの頭《あたま》に油《あぶら》を注《そそ》ぎ、わたしの杯《さかずき》を満《み》たされる。
神《かみ》の恵《めぐ》みといつくしみに生涯《しょうがい》伴《ともな》われ、
わたしはとこしえに神《かみ》の家《いえ》に生《い》きる。

（四）

154

第一朗読（二コリント5・1、6―10）

使徒《しと》パウロのコリントの教会《きょうかい》への手紙《てがみ》

〔皆《みな》さん、〕わたしたちの地上《ちじょう》の住《す》みかである幕屋《まくや》が滅《ほろ》びても、神《かみ》によって建物《たてもの》が備《そな》えられていることを、わたしたちは知《し》っています。人《ひと》の手《て》で造《つく》られたものではない天《てん》にある永遠《えいえん》の住《す》みかです。わたしたちはいつも心強《こころづよ》いのですが、体《からだ》を住《す》みかとしているかぎり、主《しゅ》から離《はな》れていることも知《し》っています。目《め》に見《み》えるものによらず、信仰《しんこう》によって歩《あゆ》んでいるからです。わたしたちは、心強《こころづよ》い。そして、体《からだ》を離《はな》れて、主《しゅ》のもとに住《す》むことをむしろ望《のぞ》んでいます。だから、体《からだ》を住《す》みかとしていても、体《からだ》を離《はな》れているにしても、ひたすら主《しゅ》に喜《よろこ》ばれる者《もの》でありたい。なぜなら、わたしたちは皆《みな》、キリストの裁《さば》きの座《ざ》の前《まえ》に立《た》ち、善《ぜん》であれ悪《あく》であれ、めいめい体《からだ》を住《す》みかとしていたときに行《おこな》ったことに応《おう》じて、報《むく》いを受《う》けねばならないからです。

朗読者　神《かみ》のみことば。
一同　神《かみ》に感謝《かんしゃ》。

155
答唱詩編（詩編27・1、4、7＋8、9、11、13＋14）
典礼聖歌73「神よあなたの顔の光を」を歌うことができる。

神《かみ》はわたしの光《ひかり》、わたしの救《すく》い、わたしはだれも恐《おそ》れない。
神《かみ》はわたしのいのちのとりで、わたしはだれをはばかろう。
わたしは神《かみ》に一《ひと》つのことを願《ねが》い求《もと》めている。
生涯《しょうがい》、神《かみ》の家《いえ》を住《す》まいとし、あかつきとともに目《め》ざめ、
神《かみ》の美《うつく》しさを仰《あお》ぎ見《み》ることを。
神《かみ》よ、わたしの声《こえ》を聞《き》き、わたしをあわれみ、こたえてください。
わたしの心《こころ》はささやく、「神《かみ》の顔《かお》を尋《たず》ね求《もと》めよ。」
神《かみ》よ、あなたの顔《かお》をわたしは慕《した》い求《もと》める。
あなたの顔《かお》をわたしに隠《かく》さず、怒《いか》りでしもべを退《しりぞ》けないでください。
あなたはわたしの助《たす》け、わたしを救《すく》ってくださる神《かみ》。

神《かみ》よ、あなたの道《みち》を示《しめ》し、いのちをねらう者《もの》からわたしを守《まも》り、
安《やす》らかな小道《こみち》に導《みちび》いてください。
神《かみ》に生《い》きる人々《ひとびと》の中《なか》で、わたしは神《かみ》の美《うつく》しさを仰《あお》ぎ見《み》る。
神《かみ》を待《ま》ち望《のぞ》め、強《つよ》く、たくましく、神《かみ》を待《ま》ち望《のぞ》め。

（五）

156

第一朗読（黙示録21・1―5a、6―7）

ヨハネの黙示《もくし》

わたし〔ヨハネ〕はまた、新《あたら》しい天《てん》と新《あたら》しい地《ち》を見《み》た。最初《さいしょ》の天《てん》と最初《さいしょ》の地《ち》は去《さ》って行《い》き、もはや海《うみ》もなくなった。更《さら》にわたしは、聖《せい》なる都《みやこ》、新《あたら》しいエルサレムが、夫《おっと》のために着飾《きかざ》った花嫁《はなよめ》のように用意《ようい》を整《ととの》えて、神《かみ》のもとを離《はな》れ、天《てん》から下《くだ》って来《く》るのを見《み》た。そのとき、わたしは玉座《ぎょくざ》から語《かた》りかける大《おお》きな声《こえ》を聞《き》いた。「見《み》よ、神《かみ》の幕屋《まくや》が人《ひと》の間《あいだ》にあって、神《かみ》が人《ひと》と共《とも》に住《す》み、人《ひと》は神《かみ》の民《たみ》となる。神《かみ》は自《みずか》ら人《ひと》と共《とも》にいて、その神《かみ》となり、彼《かれ》らの目《め》の涙《なみだ》をことごとくぬぐい取《と》ってくださる。もは

や死《し》はなく、もはや悲《かな》しみも嘆《なげ》きも労苦《ろうく》もない。最初《さいしょ》のものは過《す》ぎ去《さ》ったからである。」すると、玉座《ぎょくざ》に座《すわ》っておられる方《かた》が、また、わたしに言《い》われた。「事《こと》は成就《じょうじゅ》した。わたしはアルファであり、オメガである。初《はじ》めであり、終《お》わりである。渇《かわ》いている者《もの》には、命《いのち》の水《みず》の泉《いずみ》から価《あたい》なしに飲《の》ませよう。勝利《しょうり》を得《え》る者《もの》は、これらのものを受《う》け継《つ》ぐ。わたしはその者《もの》の神《かみ》になり、その者《もの》はわたしの子《こ》となる。」

朗読者　神《かみ》のみことば。
一同　神《かみ》に感謝《かんしゃ》。

157

答唱詩編（詩編30・2b＋4、6、11＋12、13）
典礼聖歌65「神はわたしを救われる」を歌うことができる。

神《かみ》よ、あなたはわたしを救《すく》い、死《し》の力《ちから》が勝《か》ち誇《ほこ》るのを許《ゆる》されない。
神《かみ》よ、あなたは死《し》の国《くに》からわたしを引《ひ》き上《あ》げ、
危《あや》ういいのちを救《すく》ってくださった。
滅《ほろ》びは神《かみ》の怒《いか》りのうちに、いのちは恵《めぐ》みのうちにある。

夜《よる》が嘆《なげ》きにつつまれても、朝《あさ》は喜《よろこ》びに明《あ》けそめる。
神《かみ》よ、いつくしみ深《ふか》くわたしを顧《かえり》み、わたしの助《たす》けとなってください。
あなたは嘆《なげ》きを喜《よろこ》びに変《か》え、粗布《あらぬの》を晴《は》れ着《ぎ》に替《か》えてくださった。
わたしの心《こころ》はあなたをたたえ、黙《だま》っていることがない。
神《かみ》よ、わたしの神《かみ》よ、あなたをとこしえにたたえよう。

---

158 アレルヤ唱と福音朗読として（一）から（四）の四つの例をあげてある。付録二の朗読箇所の例（119ページ以下）から状況に応じて選ぶこともできる。
アレルヤ唱の唱句は聖歌隊あるいは先唱者によって歌われるが、聖歌隊がない場合や先唱者がいない場合は一同で歌うこともできる。四旬節にはアレルヤをひかえ、詠唱を歌う。歌わない場合は省くこともできる。

（一）

159 **アレルヤ唱**（マタイ11・25、典礼聖歌275①）

アレルヤ、アレルヤ。
天《てん》と地《ち》の主《しゅ》である神《かみ》はたたえられますように。

あなたは神《かみ》の国《くに》を小《ちい》さい人々《ひとびと》に現《あらわ》してくださった。
アレルヤ、アレルヤ。

160 **福音朗読**（マタイ11・25―30）

司　主《しゅ》は皆《みな》さんとともに。
一同　またあなたとともに。
司　マタイによる福音《ふくいん》。
一同　主《しゅ》に栄光《えいこう》。

そのとき、イエスはこう言《い》われた。「天地《てんち》の主《しゅ》である父《ちち》よ、あなたをほめたたえます。これらのことを知恵《ちえ》ある者《もの》や賢《かしこ》い者《もの》には隠《かく》して、幼子《おさなご》のような者《もの》にお示《しめ》しになりました。そうです、父《ちち》よ、これは御心《みこころ》に適《かな》うことでした。すべてのことは、父《ちち》からわたしに任《まか》せられています。父《ちち》のほかに子《こ》を知《し》る者《もの》はなく、子《こ》と、子《こ》が示《しめ》そうと思《おも》う者《もの》のほかには、父《ちち》を知《し》る者《もの》はいません。疲《つか》れた者《もの》、重荷《おもに》を負《お》う者《もの》は、だれでもわたしのもとに来《き》なさい。休《やす》ませてあげよう。わたしは柔和《にゅうわ》で謙遜《けんそん》な者《もの》だから、わたしの軛《くびき》を負《お》い、わたしに学《まな》びなさい。そうすれば、あなたがたは安《やす》らぎを得《え》られる。わたしの軛《くびき》は負《お》いやすく、わたしの荷《に》は軽《かる》いからである。」

司　主《しゅ》のみことば。
一同　キリストに賛美《さんび》。

（二）

161　**アレルヤ唱**（マタイ25・34、典礼聖歌275②）

アレルヤ、アレルヤ。
わたしの父《ちち》に祝福《しゅくふく》された人《ひと》、
世《よ》の初《はじ》めからあなたがたのために備《そな》えられた国《くに》を受《う》けなさい。
アレルヤ、アレルヤ。

162　**福音朗読**（ルカ23・33、39―43）

司　主《しゅ》は皆《みな》さんとともに。

一同　またあなたとともに。

司　ルカによる福音《ふくいん》。

一同　主《しゅ》に栄光《えいこう》。

「されこうべ」と呼《よ》ばれている所《ところ》に来《く》ると、そこで人々《ひとびと》はイエスを十字架《じゅうじか》につけた。犯罪人《はんざいにん》も、一人《ひとり》は右《みぎ》に一人《ひとり》は左《ひだり》に、十字架《じゅうじか》につけた。十字架《じゅうじか》にかけられていた犯罪人《はんざいにん》の一人《ひとり》が、イエスをののしった。「お前《まえ》はメシアではないか。自分自身《じぶんじしん》と我々《われわれ》を救《すく》ってみろ。」すると、もう一人《ひとり》の方《ほう》がたしなめた。「お前《まえ》は神《かみ》をも恐《おそ》れないのか、同《おな》じ刑罰《けいばつ》を受《う》けているのに。我々《われわれ》は、自分《じぶん》のやったことの報《むく》いを受《う》けているのだから、当然《とうぜん》だ。しかし、この方《かた》は何《なに》も悪《わる》いことをしていない。」そして、「イエスよ、あなたの御国《みくに》においでになるときには、わたしを思《おも》い出《だ》してください」と言《い》った。するとイエスは、「はっきり言《い》っておくが、あなたは今日《きょう》わたしと一緒《いっしょ》に楽園《らくえん》にいる」と言《い》われた。

司　主《しゅ》のみことば。

一同　キリストに賛美《さんび》。

（三）

163 **アレルヤ唱**（ヨハネ6・40、典礼聖歌275⑤）

アレルヤ、アレルヤ。
わたしの父《ちち》の意志《いし》は子《こ》を見《み》て信《しん》じる者《もの》が永遠《えいえん》のいのちを保《たも》ち、
終《お》わりの日《ひ》に復活《ふっかつ》することである。
アレルヤ、アレルヤ。

164 **福音朗読**（ヨハネ11・32―45）

司　主《しゅ》は皆《みな》さんとともに。

一同　またあなたとともに。

司　ヨハネによる福音《ふくいん》。

一同　主《しゅ》に栄光《えいこう》。

〔そのとき、ラザロの姉妹《しまい》〕マリアはイエスのおられる所《ところ》に来《き》て、イエスを見《み》るなり足《あし》もとにひれ伏《ふ》し、「主《しゅ》よ、もしここにいてくださいましたら、わたしの兄弟《きょうだい》は死《し》ななかったでしょうに」と言《い》った。イエスは、彼女《かのじょ》が泣《な》き、一緒《いっしょ》に来《き》たユダヤ人《じん》たちも泣《な》いているのを見《み》て、心《こころ》に憤《いきどお》りを覚《おぼ》え、興奮《こうふん》して、言《い》われた。「どこに葬《ほうむ》ったのか。」彼《かれ》らは、「主《しゅ》よ、来《き》て、御覧《ごらん》ください」と言《い》った。イエスは涙《なみだ》を流《なが》された。ユダヤ人《じん》たちは、「御覧《ごらん》なさい、どんなにラザロを愛《あい》しておられたことか」と言《い》った。しかし、中《なか》には、「盲人《もうじん》の目《め》を開《あ》けたこの人《ひと》も、ラザロが死《し》なないようにはできなかったのか」と言《い》う者《もの》もいた。イエスは、再《ふたた》び心《こころ》に憤《いきどお》りを覚《おぼ》えて、墓《はか》に来《こ》られた。墓《はか》は洞穴《ほらあな》で、石《いし》でふさがれていた。イエスが、「その石《いし》を取《と》りのけなさい」と言《い》われると、死《し》んだラザロの姉妹《しまい》マルタが、「主《しゅ》よ、四日《よっか》もたっていますから、もうにおいます」と言《い》った。イエスは、「もし信《しん》じるなら、神《かみ》の栄光《えいこう》が見《み》られると、言《い》っておいたではないか」と言《い》われた。人々《ひとびと》が石《いし》を取《と》りのけると、イエスは天《てん》を仰《あお》いで言《い》われた。「父《ちち》よ、わたしの願《ねが》いを聞《き》き入《い》れてくださって感謝《かんしゃ》します。わたしの願《ねが》いをいつも聞《き》いてくださることを、わたしは知《し》っています。しかし、わたしがこう言《い》うのは、周《まわ》りにいる群衆《ぐんしゅう》のためです。あなたがわたしをお遣《つか》わしになったことを、彼《かれ》らに信《しん》じさせるためです。」こう言《い》ってから、「ラザロ、出《で》て来《き》なさい」と大声《おおごえ》で叫《さけ》ばれた。すると、死《し》んでいた人《ひと》が、手《て》と足《あし》を布《ぬの》で巻《ま》かれたまま出《で》て来《き》た。顔《かお》は覆《おお》いで包《つつ》まれていた。イエスは人々《ひとびと》に、「ほどいてやって、行《い》かせなさい」と言《い》われた。マリアのところに来《き》て、イエスのなさったことを目撃《もくげき》したユダヤ人《じん》の多《おお》くは、イエスを信《しん》じた。

司　主《しゅ》のみことば。

一同　キリストに賛美《さんび》。

（四）

165　**アレルヤ唱**（フィリピ3・20、典礼聖歌275⑦）

アレルヤ、アレルヤ。
わたしの国籍《こくせき》は天《てん》にあり、
そこから来《こ》られる救《すく》い主《ぬし》イエスを待《ま》っている。
アレルヤ、アレルヤ。

166
福音朗読（ヨハネ14・1―6）

司　主《しゅ》は皆《みな》さんとともに。
一同　またあなたとともに。
司　ヨハネによる福音《ふくいん》。
一同　主《しゅ》に栄光《えいこう》。

〔そのときイエスは弟子《でし》たちに仰《おお》せになった。〕「心《こころ》を騒《さわ》がせるな。神《かみ》を信《しん》じなさい。そして、わたしをも信《しん》じなさい。わたしの父《ちち》の家《いえ》には住《す》む所《ところ》がたくさんある。もしなければ、あなたがたのために場所《ばしょ》を用意《ようい》しに行《い》くと言《い》ったであろうか。行《い》ってあなたがたのために場所《ばしょ》を用意《ようい》したら、戻《もど》って来《き》て、あなたがたをわたしのもとに迎《むか》える。こうして、わたしのいる所《ところ》に、あなたがたもいることになる。わたしがどこへ行《い》くのか、その道《みち》をあなたがたは知《し》っている。」トマスが言《い》った。「主《しゅ》よ、どこへ行《い》かれるのか、わたしたちには分《わ》かりません。どうして、その道《みち》を知《し》ることができるでしょうか。」イエスは言《い》われた。「わたしは道《みち》であり、真理《しんり》であり、命《いのち》である。わたしを通《とお》らなければ、だれも父《ちち》のもとに行《い》くことができない。」

司　**主《しゅ》のみことば。**

一同　**キリストに賛美《さんび》。**

---

167 **説教**

司祭は朗読された聖書のテーマに基づいて短い説教をする。

故人の略歴や追悼のことばなどは告別のとき（74ページ以下）に述べる。

説教の結びを共同祈願の前文にすることもできる。

168 **共同祈願**（例文）

柩のかたわらで行うこともできる。次の二つの形式のいずれかを選ぶことができる。
意向は数多く唱える必要はないが、少なくとも故人と遺族のための意向が必要である。
共同祈願の意向と後文は状況に応じて自由に作ることが望ましい。次にあげる意向の中から、ふさわしいものを選ぶこともできる。

第一形式

司　**わたしたちに先立《さきだ》って復活《ふっかつ》された主《しゅ》キリストを信頼《しんらい》して、父《ちち》である神《かみ》に祈《いの》りましょう。**

先　**洗礼《せんれい》によって、永遠《えいえん》のいのちに生《う》まれた〇〇〇〇が、諸聖人《しょせいじん》の集《つど》いに迎《むか》えられ、神《かみ》の栄光《えいこう》にあずかることができますように。**

一同　**神《かみ》よ、わたしたちの祈《いの》りを聞《き》き入《い》れてください。**

先　**父《ちち》である神《かみ》よ、あなたのもとに旅立《たびだ》った〇〇〇〇を顧《かえり》み、キリストの死《し》と復活《ふっかつ》によって、救《すく》いの恵《めぐ》みを与《あた》えてくださいますように。**

一同　**神《かみ》よ、わたしたちの祈《いの》りを聞《き》き入《い》れてください。**

先　**キリストの御《おん》からだによって養《やしな》われた者《もの》が、キリストの復活《ふっかつ》の恵《めぐ》みにあずかること**

ができますように。

一同　神《かみ》よ、わたしたちの祈《いの》りを聞《き》き入《い》れてください。

先　生涯《しょうがい》を神《かみ》への信仰《しんこう》に生《い》きた兄弟《きょうだい》／姉妹《しまい》が、人間《にんげん》の弱《よわ》さに基《もと》づくすべての罪《つみ》をゆるされ、永遠《えいえん》の救《すく》いに入《はい》ることができますように。

一同　神《かみ》よ、わたしたちの祈《いの》りを聞《き》き入《い》れてください。

先　教会《きょうかい》のために生涯奉仕《しょうがいほうし》した兄弟《きょうだい》／姉妹《しまい》に、永遠《えいえん》の憩《いこ》いを与《あた》えてくださいますように。

一同　神《かみ》よ、わたしたちの祈《いの》りを聞《き》き入《い》れてください。

先　病気《びょうき》の苦《くる》しみを最後《さいご》まで耐《た》え、信仰《しんこう》に生《い》きたわたしたちの兄弟《きょうだい》／姉妹《しまい》に、永遠《えいえん》の安《やす》らぎを与《あた》えてくださいますように。

一同　神《かみ》よ、わたしたちの祈《いの》りを聞《き》き入《い》れてください。

先　不慮《ふりょ》の出来事《できごと》（事故《じこ》）であなたのもとに召《め》された○○○○をいつくしみ深《ふか》く顧《かえり》み、永遠《えいえん》の住《す》まいに迎《むか》え入《い》れてくださいますように。

一同　神《かみ》よ、わたしたちの祈《いの》りを聞《き》き入《い》れてください。

先　悲《かな》しみのうちにある遺族《いぞく》の方々《かたがた》に慰《なぐさ》めと希望《きぼう》を与《あた》え、力《ちから》づけてくださいますように。

一同　神《かみ》よ、わたしたちの祈《いの》りを聞《き》き入《い》れてください。

先　世《よ》を去《さ》ったわたしたちの父母《ふぼ》、兄弟《きょうだい》、姉妹《しまい》、恩人《おんじん》、友人《ゆうじん》に、永遠《えいえん》の救《すく》いの恵《めぐ》みを与《あた》えてくださいますように。

一同　神《かみ》よ、わたしたちの祈《いの》りを聞《き》き入《い》れてください。

先　亡《な》くなったわたしたちの兄弟《きょうだい》／姉妹《しまい》とすべての死者《ししゃ》に、罪《つみ》のゆるしと救《すく》いの喜《よろこ》びを与《あた》えてくださいますように。

一同　神《かみ》よ、わたしたちの祈《いの》りを聞《き》き入《い》れてください。

先　生涯《しょうがい》を誠実《せいじつ》に生《い》き、キリストを知《し》らずにこの世《よ》を去《さ》った人々《ひとびと》のために祈《いの》ります。諸《しょ》聖人《せいじん》の集《つど》いに迎《むか》えられ、あなたの平和《へいわ》と愛《あい》のうちに生《い》きることができますように。

一同　神《かみ》よ、わたしたちの祈《いの》りを聞《き》き入《い》れてください。

幼子のため

先　幼《おさな》いままに亡《な》くなった〇〇〇が、あなたの愛《あい》に満《み》たされて、永遠《えいえん》の喜《よろこ》びを受《う》けることができますように。

一同　神《かみ》よ、わたしたちの祈《いの》りを聞《き》き入《い》れてください。

遺族の中から身近な者が唱える

先　いつくしみ深《ふか》い神《かみ》よ、わたしたちのもとを去《さ》った〇〇〇に安《やす》らかな憩《いこ》いをお与《あた》えください。生前《せいぜん》、わたしたちのいたらなさから故人《こじん》を悲《かな》しませたり、傷《きず》つけたりしたことをおゆるしください。主《しゅ》イエス・キリストのゆるしの恵《めぐ》みによって、いつの日《ひ》か永遠《えいえん》の喜《よろこ》びをともにすることができますように。

一同　神《かみ》よ、わたしたちの祈《いの》りを聞《き》き入《い》れてください。

遺族代表の祈り

先　永遠《えいえん》の安息《あんそく》を与《あた》えてくださる神《かみ》よ、この世《よ》からあなたのもとに召《め》された〇〇〇〇のためにお願《ねが》いいたします。故人《こじん》の思《おも》い、ことば、行《おこな》いによる罪《つみ》があなたの救《すく》いの恵《めぐ》みによってゆるされ、聖人《せいじん》たちが集《つど》うみ国《くに》に入《はい》ることができますように。

一同　神《かみ》よ、わたしたちの祈《いの》りを聞《き》き入《い》れてください。

司　わたしたちの希望《きぼう》である父《ちち》よ、
あなたは信頼《しんらい》する者《もの》をいつも助《たす》けてくださいます。あなたが愛《あい》された者《もの》の死《し》を顧《かえり》み、
その生涯《しょうがい》をささげものとして受《う》け入《い》れてください。
御子《おんこ》キリストのうちにあって復活《ふっかつ》の栄光《えいこう》にあずからせてくださいますように。
　わたしたちの主《しゅ》イエス・キリストによって。

一同　アーメン。

第二形式

169　司式者と参列者がともに祈る。参列者は沈黙のうちに祈る。

司　聖《せい》なる父《ちち》、いのちの源《みなもと》である神《かみ》よ、今《いま》わたしたちは別離《べつり》の悲《かな》しみにしずみながらも、あなたの深《ふか》いはからいを信《しん》じています。

一同　（黙禱）

司　神《かみ》の子《こ》イエス・キリストはわたしたちを罪《つみ》と死《し》から救《すく》い出《だ》すために人《ひと》となり、十字《じゅうじ》架《か》の上《うえ》で苦《くる》しみと死《し》を担《にな》い、また死者《ししゃ》の中《なか》から復活《ふっかつ》されて永遠《えいえん》のいのちの門《もん》を開《ひら》いてくださいました。世《よ》の終《お》わりに主《しゅ》キリストが栄光《えいこう》のうちに再《ふたた》び来《こ》られるとき、わたしたちの体《からだ》も復活《ふっかつ》します。

一同　（黙禱）

司　まことにキリストのうちにわたしたちの復活《ふっかつ》の希《き》望《ぼう》は輝《かがや》き、別離《べつり》を悲《かな》しむわたししたち一同《いちどう》も、とこしえのいのちの約束《やくそく》によって慰《なぐさ》められます。あなたはいのちの源《みなもと》です。万物《ばんぶつ》はあなたによって常《つね》に新《あら》たにされ、地上《ちじょう》の生活《せいかつ》を終《お》わった後《のち》も、天《てん》に永遠《えいえん》の住《す》みかが備《そな》えられています。

一同　（黙禱）

司　聖《せい》なる父《ちち》よ、あなたのもとに召《め》された〇〇〇〇のために祈《いの》ります。すべての過《あやま》ちをゆるし、キリストのうちに憩《いこ》う人々《ひとびと》とともに、あなたのみ国《くに》に受《う》け入《い》れてください。

一同　（黙禱）

司　わたしたちもいつかその国《くに》でいつまでもともにあなたの栄光《えいこう》にあずかり、喜《よろこ》びに満《み》たされますように。そのとき、わたしたちの目《め》から涙《なみだ》がぬぐわれ、神《かみ》であるあなたをありのままに見《み》て、永遠《えいえん》にキリストに似《に》るものとなり、終《お》わりなくあなたをたたえることができるのです。
あなたの子《こ》、わたしたちの主《しゅ》イエス・キリストによってお願《ねが》いいたします。

一同　アーメン。

続いて感謝の典礼に入る。

感謝の典礼

170 **奉納の歌と奉納行列**

共同祈願が終わると奉納の歌を始める。遺族がパンとぶどう酒を奉納することが勧められる。

171 **パンを供える祈り**

奉納の歌が歌われない場合、司祭は次の祈りをはっきりと唱えることができる。

司　**神《かみ》よ、あなたは万物《ばんぶつ》の造《つく》り主《ぬし》。ここに供《そな》えるパンはあなたからいただいたもの、**
大地《だいち》の恵《めぐ》み、労働《ろうどう》の実《みの》り、わたしたちのいのちの糧《かて》となるものです。

一同　**神《かみ》よ、あなたは万物《ばんぶつ》の造《つく》り主《ぬし》。**

172 **ぶどう酒の準備**

助祭または司祭は、ぶどう酒と少量の水をカリスに注いで静かに唱える。

この水《みず》とぶどう酒《しゅ》の神秘《しんぴ》によってわたしたちが、
人《ひと》となられたかたの神性《しんせい》にあずかることができますように。

173 **カリスを供える祈り**

奉納の歌が歌われない場合、司祭は次の祈りをはっきりと唱えることができる。

司　**神《かみ》よ、あなたは万物《ばんぶつ》の造《つく》り主《ぬし》。ここに供《そな》えるぶどう酒《しゅ》はあなたからいただいたもの、大地《だいち》の恵《めぐ》み、労働《ろうどう》の実《みの》り、わたしたちの救《すく》いの杯《さかずき》となるものです。**

一同　**神《かみ》よ、あなたは万物《ばんぶつ》の造《つく》り主《ぬし》。**

174 **奉納の祈り**

司祭は深く頭を下げ、静かに唱える。

神《かみ》よ、心《こころ》から悔《く》い改《あらた》めるわたしたちが受《う》け入《い》れられ、きょう、み前《まえ》に供《そな》えるいけにえも、み心《こころ》にかなうものとなりますように。

175 **献香**

必要に応じて、供えものと十字架と祭壇に献香する。その後、助祭または他の奉仕者が司祭と会衆に献香する。

176 **清め**

司祭は祭壇の脇で手を洗い、静かに唱える。

神《かみ》よ、わたしの汚《けが》れを洗《あら》い、罪《つみ》から清《きよ》めてください。

177 **祈りへの招き**

司祭は祭壇の中央に立ち、会衆に向かって手を広げ、次の招きのことばを述べてから手を合わせる。

司 **皆《みな》さん、ともにささげるこのいけにえを、**
全能《ぜんのう》の父《ちち》である神《かみ》が受《う》け入《い》れてくださるよう祈《いの》りましょう。

会衆は立って答える。

一同 **神《かみ》の栄光《えいこう》と賛美《さんび》のため、またわたしたちと全教会《ぜんきょうかい》のために、**
あなたの手《て》を通《とお》しておささげするいけにえを、神《かみ》が受《う》け入《い》れてくださいますように。

一同はその後、しばらく沈黙のうちに祈る。

178 **奉納祈願**

続いて司祭は奉納祈願を唱える。奉納祈願は次の中から、あるいは付録一の祈願（99ページ以下）からふさわしいものを選ぶ。

司　恵《めぐ》み豊《ゆた》かな神《かみ》よ、
○○○の永遠《えいえん》の憩《いこ》いを願《ねが》い、つつしんでこの供《そな》えものをささげます。
御子《おんこ》キリストを救《すく》い主《ぬし》として堅《かた》く信《しん》じていた者《もの》が、
キリストの豊《ゆた》かな恵《めぐ》みを受《う》けることができますように。
わたしたちの主《しゅ》イエス・キリストによって。

一同　アーメン。

または

司　いつくしみ深《ふか》い神《かみ》よ、
御子《おんこ》キリストにともに結《むす》ばれるわたしたちを顧《かえり》み、
ここにささげる供《そな》えものを受《う》け入《い》れてください。
わたしたちの兄弟《きょうだい》／姉妹《しまい》○○○が栄光《えいこう》に入《はい》り、
キリストとともに生《い》きることができますように。
わたしたちの主《しゅ》イエス・キリストによって。

一同　アーメン。

または

司 恵《めぐ》み豊《ゆた》かな神《かみ》よ、
ここに供《そな》えるパンとぶどう酒《しゅ》とともに
○○○○の生涯《しょうがい》を受《う》け入《い》れてください。
その人生《じんせい》の喜《よろこ》びと悲《かな》しみ、そしてすべての行《おこな》いを顧《かえり》み、
キリストの十字架《じゅうじか》と復活《ふっかつ》の神秘《しんぴ》にあずからせてくださいますように。
わたしたちの主《しゅ》イエス・キリストによって。

一同 アーメン。

洗礼を受けた幼子のため

司 あわれみ深《ふか》い神《かみ》よ、
この供《そな》えものをとうといものにしてください。
この幼子《おさなご》をみ手《て》にゆだねるわたしたちが、
あなたの国《くに》で再会《さいかい》の喜《よろこ》びを味《あじ》わうことができますように。
わたしたちの主《しゅ》イエス・キリストによって。

一同 アーメン。

司　全能《ぜんのう》の神《かみ》よ、
この供《そな》えものをわたしたちのささげものとしてお受《う》けください。
信頼《しんらい》をもってみ旨《むね》に従《したが》うわたしたちが、
いつもあなたのあわれみに支《ささ》えられますように。
わたしたちの主《しゅ》イエス・キリストによって。
一同　アーメン。

奉献文（エウカリスティアの祈り）

179

叙唱前句

司　主《しゅ》は皆《みな》さんとともに。
一同　またあなたとともに。
司　心《こころ》をこめて、
一同　神《かみ》を仰《あお》ぎ、

司　賛美《さんび》と感謝《かんしゃ》をささげましょう。
一同　それはとうとい大切《たいせつ》な務《つと》め（です）。

180　**叙唱**

司祭は次の（一）から（四）の叙唱の中からふさわしいものを選んで唱える。

（一）復活の希望

司　聖《せい》なる父《ちち》、全能永遠《ぜんのうえいえん》の神《かみ》、
いつどこでも主《しゅ》キリストによって賛美《さんび》と感謝《かんしゃ》をささげることは、
まことにとうとい大切《たいせつ》な務《つと》め（です）。
キリストのうちにわたしたちの復活《ふっかつ》の希望《きぼう》は輝《かがや》き、
死《し》を悲《かな》しむ者《もの》もとこしえのいのちの約束《やくそく》によって慰《なぐさ》められます。
信《しん》じる者《もの》にとって死《し》は滅《ほろ》びではなく、新《あら》たないのちへの門《もん》であり、
地上《ちじょう》の生活《せいかつ》を終《お》わった後《のち》も、天《てん》に永遠《えいえん》のすみかが備《そな》えられています。
神《かみ》の威光《いこう》をあがめ、権能《けんのう》を敬《うやま》うすべての天使《てんし》とともに、
わたしたちもあなたの栄光《えいこう》を終《お》わりなくほめ歌《うた》います。

司

（二）キリストの死は万人の救い

聖《せい》なる父《ちち》、全能永遠《ぜんのうえいえん》の神《かみ》、
すべてを治《おさ》められるあなたをたたえ、感謝《かんしゃ》をささげることは、
まことにとうとい大切《たいせつ》な務《つと》め（です）。
キリストはわたしたちを永遠《えいえん》の死《し》から救《すく》うために
十字架《じゅうじか》の上《うえ》でいのちをささげ、
一人《ひとり》の死《し》によってすべての人《ひと》に永遠《えいえん》のいのちが与《あた》えられました。
あなたの救《すく》いのわざをたたえる天使《てんし》、聖人《せいじん》とともに、
わたしたちもつつしんでほめ歌《うた》います。

司

（三）キリストは世の救い

聖《せい》なる父《ちち》、全能永遠《ぜんのうえいえん》の神《かみ》、
御子《おんこ》キリストによっていつもあなたをたたえ、感謝《かんしゃ》をささげます。
主《しゅ》キリストは世《よ》の救《すく》い主《ぬし》。
わたしたちにまことのいのちを与《あた》え、

死《し》を滅《ほろ》ぼして復活《ふっかつ》の輝《かがや》きに導《みちび》いてくださるかた。
キリストの死《し》と復活《ふっかつ》によって
わたしたちに不滅《ふめつ》の希望《きぼう》を注《そそ》いでくださったあなたをたたえ、
天使《てんし》の群《む》れとともに終《お》わりなくほめ歌《うた》います。

司

（四）新しいいのち

聖《せい》なる父《ちち》、全能永遠《ぜんのうえいえん》の神《かみ》、
あなたのいつくしみをたたえ、いつも感謝《かんしゃ》をささげます。
罪《つみ》の負《お》い目《め》をになうわたしたちが死《し》の谷《たに》に下《くだ》る時《とき》も、
あなたはいつくしみを忘《わす》れず、
御子《おんこ》キリストの勝利《しょうり》によってわたしたちをあがない、
新《あたら》しいいのちを与《あた》えてくださいます。
み前《まえ》であなたを礼拝《れいはい》する天使《てんし》とともに、
救《すく》いの恵《めぐ》みをたたえ、
わたしたちも感謝《かんしゃ》の賛歌《さんか》をささげます。

181

感謝の賛歌（サンクトゥス）

聖《せい》なる、聖《せい》なる、聖《せい》なる神《かみ》、すべてを治《おさ》める神《かみ》なる主《しゅ》。
主《しゅ》の栄光《えいこう》は天地《てんち》に満《み》つ。
天《てん》には神《かみ》にホザンナ。
主《しゅ》の名《な》によって来《こ》られるかたに賛美《さんび》。
天《てん》には神《かみ》にホザンナ。

182

司祭は奉献文を唱える。以下に第二奉献文と第三奉献文（57ページ以下）をあげてある。

183

第二奉献文

司　まことに聖《せい》なる神《かみ》、すべての聖性《せいせい》の源《みなもと》である父《ちち》よ、
いま、聖霊《せいれい》を注《そそ》ぎ、
この供《そな》えものを聖《せい》なるものとしてください。

わたしたちのために、
主《しゅ》イエス・キリストの御《おん》からだと ✣ 御血《おんち》になりますように。
主《しゅ》イエスはすすんで受難《じゅなん》に向《む》かう前《まえ》に、
パンを取《と》り、
感謝《かんしゃ》をささげ、裂《さ》いて、
弟子《でし》に与《あた》えて仰《おお》せになりました。

「皆《みな》、これを取《と》って食《た》べなさい。
これはあなたがたのために渡《わた》される
わたしのからだ（である）。」

食事《しょくじ》の後《あと》に
同《おな》じように杯《さかずき》を取《と》り、
感謝《かんしゃ》をささげ、弟子《でし》に与《あた》えて仰《おお》せになりました。

「皆《みな》、これを受《う》けて飲《の》みなさい。
これはわたしの血《ち》の杯《さかずき》、
あなたがたと多《おお》くの人《ひと》のために流《なが》されて
罪《つみ》のゆるしとなる新《あたら》しい永遠《えいえん》の契約《けいやく》の血《ち》（である）。
これをわたしの記念《きねん》として行《おこな》いなさい。」

司　信仰《しんこう》の神秘《しんぴ》。

一同　主《しゅ》よ、あなたの死《し》を告《つ》げ知《し》らせ、復活《ふっかつ》をほめたたえます。
再《ふたた》び来《こ》られるときまで。

または

一同　主《しゅ》よ、このパンを食《た》べ、この杯《さかずき》を飲《の》むたびに、
あなたの死《し》を告《つ》げ知《し》らせます。再《ふたた》び来《こ》られるときまで。

または

一同　十字架《じゅうじか》と復活《ふっかつ》によってわたしたちを解放《かいほう》された世《よ》の救《すく》い主《ぬし》、

わたしたちをお救《すく》いください。

司

聖《せい》なる父《ちち》よ、
わたしたちはいま、主《しゅ》イエスの死《し》と復活《ふっかつ》の記念《きねん》を行《おこな》い、
み前《まえ》であなたに奉仕《ほうし》できることを感謝《かんしゃ》し、
いのちのパンと救《すく》いの杯《さかずき》をささげます。

キリストの御《おん》からだと御血《おんち》にともにあずかるわたしたちが、
聖霊《せいれい》によって一《ひと》つに結《むす》ばれますように。

世界《せかい》に広《ひろ》がるあなたの教会《きょうかい》を思《おも》い起《お》こし、
教皇《きょうこう》○○○○、
わたしたちの司教《しきょう》○○○○、（協働司教および補佐司教の名を加えることができる）
すべての奉仕者《ほうししゃ》とともに、
あなたの民《たみ》をまことの愛《あい》で満《み》たしてください。

（きょう）この世《よ》からあなたのもとに召《め》された
〇〇〇〇（名）を心《こころ》に留《と》めてください。
洗礼《せんれい》によってキリストの死《し》に結《むす》ばれた者《もの》が、
その復活《ふっかつ》にも結《むす》ばれますように。

また、復活《ふっかつ》の希《き》望《ぼう》をもって眠《ねむ》りについたわたしたちの兄弟姉妹《きょうだいしまい》と、
あなたのいつくしみのうちに亡《な》くなったすべての人《ひと》を心《こころ》に留《と》め、
あなたの光《ひかり》の中《なか》に受《う》け入《い》れてください。
いま、ここに集《つど》うわたしたちをあわれみ、
神《かみ》の母《はは》おとめマリアと聖《せい》ヨセフ、
使徒《しと》とすべての時代《じだい》の聖人《せいじん》とともに、
永遠《えいえん》のいのちにあずからせてください。

御子《おんこ》イエス・キリストを通《とお》して、

あなたをほめたたえることができますように。

以下、185（64ページ）に続く。

184 **第三奉献文**

司　まことに聖《せい》なる父《ちち》よ、
造《つく》られたものはすべて、あなたをほめたたえています。
御子《おんこ》わたしたちの主《しゅ》イエス・キリストを通《とお》して、
聖霊《せいれい》の力強《ちからづよ》い働《はたら》きにより、
すべてにいのちを与《あた》え、聖《せい》なるものとし、
たえず人々《ひとびと》をあなたの民《たみ》としてお集《あつ》めになるからです。
日《ひ》の昇《のぼ》る所《ところ》から日《ひ》の沈《しず》む所《ところ》まで、
あなたに清《きよ》いささげものが供《そな》えられるために。

聖《せい》なる父《ちち》よ、
あなたにささげるこの供《そな》えものを、
いま、聖霊《せいれい》によって聖《せい》なるものとしてください。
御子《おんこ》わたしたちの主《しゅ》イエス・キリストの
御《おん》からだと ✣ 御血《おんち》になりますように。
キリストのことばに従《したが》って、
いま、わたしたちはこの神秘《しんぴ》を祝《いわ》います。

主《しゅ》イエスは渡《わた》される夜《よる》、
パンを取《と》り、
あなたに賛美《さんび》と感謝《かんしゃ》をささげ、裂《さ》いて、
弟子《でし》に与《あた》えて仰《おお》せになりました。

「皆《みな》、これを取《と》って食《た》べなさい。
これはあなたがたのために渡《わた》される

わたしのからだ（である）。」

食事《しょくじ》の後《あと》に
同《おな》じように杯《さかずき》を取《と》り、
あなたに賛美《さんび》と感謝《かんしゃ》をささげ、
弟子《でし》に与《あた》えて仰《おお》せになりました。

「皆《みな》、これを受《う》けて飲《の》みなさい。
これはわたしの血《ち》の杯《さかずき》、
あなたがたと多《おお》くの人《ひと》のために流《なが》されて
罪《つみ》のゆるしとなる新《あたら》しい永遠《えいえん》の契約《けいやく》の血《ち》（である）。
これをわたしの記念《きねん》として行《おこな》いなさい。」

司

信仰《しんこう》の神秘《しんぴ》。

一同　主《しゅ》よ、あなたの死《し》を告《つ》げ知《し》らせ、復活《ふっかつ》をほめたたえます。
再《ふたた》び来《こ》られるときまで。

または

一同　主《しゅ》よ、このパンを食《た》べ、この杯《さかずき》を飲《の》むたびに、
あなたの死《し》を告《つ》げ知《し》らせます。再《ふたた》び来《こ》られるときまで。

または

一同　十字架《じゅうじか》と復活《ふっかつ》によってわたしたちを解放《かいほう》された世《よ》の救《すく》い主《ぬし》、
わたしたちをお救《すく》いください。

司　聖《せい》なる父《ちち》よ、
わたしたちはいま、
御子《おんこ》キリストの救《すく》いをもたらす受難《じゅなん》、復活《ふっかつ》、昇天《しょうてん》を記念《きねん》し、
その再臨《さいりん》を待《ま》ち望《のぞ》み、
いのちに満《み》ちたこの聖《せい》なるいけにえを

感謝《かんしゃ》してささげます。

あなたの教会《きょうかい》のささげものを顧《かえり》み、
まことの和解《わかい》のいけにえとして認《みと》め、受《う》け入《い》れてください。
御子《おんこ》キリストの御《おん》からだと御血《おんち》によってわたしたちが養《やしな》われ、
聖霊《せいれい》に満《み》たされて、
キリストのうちに、一《ひと》つのからだ、一《ひと》つの心《こころ》となりますように。

聖霊《せいれい》によってわたしたちを、
あなたにささげられた永遠《えいえん》の供《そな》えものとしてください。
選《えら》ばれた人々《ひとびと》、神《かみ》の母《はは》おとめマリアと聖《せい》ヨセフ、
使徒《しと》と殉教者《じゅんきょうしゃ》、（聖《せい》〇〇〇〇、（その日の聖人または保護の聖人名））
すべての聖人《せいじん》とともに神《かみ》の国《くに》を継《つ》ぎ、
その取《と》り次《つ》ぎによってたえず助《たす》けられますように。

わたしたちの罪《つみ》のゆるしとなるこのいけにえが、
全世界《ぜんせかい》の平和《へいわ》と救《すく》いのためになりますように。
地上《ちじょう》を旅《たび》するあなたの教会《きょうかい》、
教皇《きょうこう》○○○○、
わたしたちの司教《しきょう》○○○○、（協働司教および補佐司教の名を加えることができる）
司教団《しきょうだん》とすべての奉仕者《ほうししゃ》を導《みちび》き、
あなたの民《たみ》となったすべての人《ひと》の信仰《しんこう》と愛《あい》を強《つよ》めてください。
あなたがここにお集《あつ》めになったこの家族《かぞく》の願《ねが》いを聞《き》き入《い》れてください。
いつくしみ深《ふか》い父《ちち》よ、
あなたの子《こ》がどこにいても、すべてあなたのもとに呼《よ》び寄《よ》せてください。

（きょう、）この世《よ》からあなたのもとに召《め》された
○○○○（名）を心《こころ》に留《と》めてください。
洗礼《せんれい》によってキリストの死《し》にあずかった者《もの》が、
その復活《ふっかつ》にもあずかることができますように。

キリストは死者《ししゃ》を復活《ふっかつ》させるとき、
滅《ほろ》びゆくわたしたちのからだを、
ご自分《じぶん》の栄光《えいこう》のからだに変《か》えてくださいます。

また、亡《な》くなったわたしたちの兄弟姉妹《きょうだいしまい》、
み旨《むね》に従《したが》って生活《せいかつ》し、いまはこの世《よ》を去《さ》ったすべての人《ひと》を、
あなたの国《くに》に受《う》け入《い》れてください。

わたしたちもいつかその国《くに》で、いつまでもともにあなたの栄光《えいこう》にあずかり、
喜《よろこ》びに満《み》たされますように。
そのときあなたは、わたしたちの目《め》から涙《なみだ》をすべてぬぐい去《さ》り、
わたしたちは神《かみ》であるあなたをありのままに見《み》て、
永遠《えいえん》にあなたに似《に》るものとなり、
終《お》わりなくあなたをたたえることができるのです。

わたしたちの主《しゅ》イエス・キリストを通《とお》して、
あなたはすべてのよいものを世《よ》にお与《あた》えになります。

185
栄唱

司　キリストによってキリストとともにキリストのうちに、
聖霊《せいれい》の交《まじ》わりの中《なか》で、
全能《ぜんのう》の神《かみ》、父《ちち》であるあなたに、
すべての誉《ほま》れと栄光《えいこう》は、世々《よよ》に至《いた》るまで、
一同　アーメン。

交わりの儀（コムニオ）

186
主の祈り

司祭はたとえば次のようなことばで一同を「主の祈り」に招く。

司　**神《かみ》の国《くに》の完成《かんせい》を待《ま》ち望《のぞ》みながら、主《しゅ》イエス・キリストが教《おし》えてくださった祈《いの》りを唱《とな》えましょう。**

または

司　**主《しゅ》の教《おし》えを守《まも》り、みことばに従《したが》い、つつしんで主《しゅ》の祈《いの》りを唱《とな》えましょう。**

一同　**天《てん》におられるわたしたちの父《ちち》よ、**
み名《な》が聖《せい》とされますように。
み国《くに》が来《き》ますように。
みこころが天《てん》に行《おこな》われるとおり地《ち》にも行《おこな》われますように。
わたしたちの日《ひ》ごとの糧《かて》を今日《きょう》もお与《あた》えください。
わたしたちの罪《つみ》をおゆるしください。わたしたちも人《ひと》をゆるします。
わたしたちを誘惑《ゆうわく》におちいらせず、
悪《あく》からお救《すく》いください。

187
副文

司　いつくしみ深《ふか》い父《ちち》よ、すべての悪《あく》からわたしたちを救《すく》い、
世界《せかい》に平和《へいわ》をお与《あた》えください。
あなたのあわれみに支《ささ》えられて、罪《つみ》から解放《かいほう》され、
すべての困難《こんなん》に打《う》ち勝《か》つことができますように。
わたしたちの希望《きぼう》、救《すく》い主《ぬし》イエス・キリストが来《こ》られるのを待《ま》ち望《のぞ》んでいます。

一同　国《くに》と力《ちから》と栄光《えいこう》は、永遠《えいえん》にあなたのもの。

188
教会に平和を願う祈り

司　主《しゅ》イエス・キリスト、あなたは使徒《しと》に仰《おお》せになりました。

「わたしは平和《へいわ》を残《のこ》し、わたしの平和《へいわ》をあなたがたに与《あた》える。」

主《しゅ》よ、わたしたちの罪《つみ》ではなく、教会《きょうかい》の信仰《しんこう》を顧《かえり》み、
おことばのとおり教会《きょうかい》に平和《へいわ》と一致《いっち》をお与《あた》えください。

あなたはまことのいのち、すべてを導《みちび》かれる神《かみ》、世々《よよ》とこしえに。

一同　アーメン。

189
平和のあいさつ

司　主《しゅ》の平和《へいわ》がいつも皆《みな》さんとともに。

一同　またあなたとともに。

190
パンの分割

司祭は静かに唱える。

いま、ここに一《ひと》つとなる主《しゅ》イエス・キリストの御《おん》からだと御血《おんち》によって、
わたしたちが永遠《えいえん》のいのちに導《みちび》かれますように。

191
平和の賛歌（アニュス・デイ）

世《よ》の罪《つみ》を取《と》り除《のぞ》く神《かみ》の小羊《こひつじ》、いつくしみをわたしたちに。
世《よ》の罪《つみ》を取《と》り除《のぞ》く神《かみ》の小羊《こひつじ》、いつくしみをわたしたちに。
世《よ》の罪《つみ》を取《と》り除《のぞ》く神《かみ》の小羊《こひつじ》、平和《へいわ》をわたしたちに。

192

拝領前の祈り

司祭は静かに唱える。

生《い》ける神《かみ》の子《こ》、主《しゅ》イエス・キリスト、
あなたは父《ちち》のみ心《こころ》に従《したが》い、聖霊《せいれい》の力《ちから》に支《ささ》えられ、
死《し》を通《とお》して世《よ》にいのちをお与《あた》えになりました。
この聖《せい》なるからだと血《ち》によって
すべての罪《つみ》と悪《あく》からわたしたちを解放《かいほう》し、
あなたのおきてをいつも守《まも》り、
あなたから離《はな》れることのないようにしてください。

または

主《しゅ》イエス・キリスト、
あなたの御《おん》からだと御血《おんち》をいただくことによって、
裁《さば》きを受《う》けることなく、
かえってあなたのいつくしみにより、

心《こころ》とからだが守《まも》られ、強《つよ》められますように。

193
拝領前の信仰告白

司　**世《よ》の罪《つみ》を取《と》り除《のぞ》く神《かみ》の小羊《こひつじ》。**
神《かみ》の小羊《こひつじ》の食卓《しょくたく》に招《まね》かれた人《ひと》は幸《さいわ》い。

一同　**主《しゅ》よ、わたしはあなたをお迎《むか》えするにふさわしい者《もの》ではありません。**
おことばをいただくだけで救《すく》われます。

または

一同　**主《しゅ》よ、あなたは神《かみ》の子《こ》キリスト、永遠《えいえん》のいのちの糧《かて》、**
あなたをおいてだれのところに行《ゆ》きましょう。

194
司祭の拝領
司祭は静かに唱える。

キリストの御《おん》からだが、永遠《えいえん》のいのちの糧《かて》になりますように。
キリストの御血《おんち》が、永遠《えいえん》のいのちの糧《かて》になりますように。

司祭がキリストの御からだを拝領している間に、拝領の歌を始める。
オルガン演奏、あるいは沈黙にかえることもできる。

195 **信者の拝領**

司　**キリストの御《おん》からだ。**

拝領者　**アーメン。**

196 **すすぎ**

聖体の授与が終わると、司祭、助祭、または祭壇奉仕者はカリスの上でパテナをふき、カリスをすすぐ。
その間に、司祭は静かに唱える。

主《しゅ》よ、口《くち》でいただいたものを
清《きよ》い心《こころ》をもって受《う》け入《い》れることができますように。
このたまものによって、永遠《えいえん》のいのちに導《みちび》かれますように。

197 **拝領祈願**

司　**祈《いの》りましょう。**（沈黙）

拝領祈願は次の中から、あるいは付録一の祈願（99ページ以下）からふさわしいものを選ぶ。

司　信《しん》じる者《もの》の力《ちから》である神《かみ》よ、
御子《おんこ》キリストはわたしたちに聖体《せいたい》の秘跡《ひせき》を与《あた》えて、
人生《じんせい》の旅路《たびじ》の糧《かて》としてくださいました。
このたまものによって○○○○が、
キリストの永遠《えいえん》のうたげに到達《とうたつ》することができますように。
主《しゅ》キリストは生《い》きて、治《おさ》めておられます、世々《よよ》とこしえに。

一同　アーメン。

または

司　いつくしみの神《かみ》である父《ちち》よ、
○○○○のために、
御子《おんこ》キリストの過越《すぎこし》の祭儀《さいぎ》をささげたわたしたちを顧《かえり》み、
この兄弟《きょうだい》／姉妹《しまい》を光《ひかり》と平和《へいわ》の国《くに》に導《みちび》いてください。
わたしたちの主《しゅ》イエス・キリストによって。

一同　アーメン。

または

司　全能《ぜんのう》の神《かみ》よ、
キリストの食卓《しょくたく》にあずかった今《いま》、お願《ねが》いいたします。
○○○○がすでに神《かみ》のみもとにある兄弟《きょうだい》姉妹《しまい》とともに、
永遠《えいえん》に憩《いこ》うことができますように。
また、残《のこ》されたわたしたちには慰《なぐさ》めを与《あた》え、
復活《ふっかつ》の希望《きぼう》のうちに新《あたら》しいきずなに結《むす》ばれますように。
わたしたちの主《しゅ》イエス・キリストによって。

一同　アーメン。

幼子のため

司　すべての人《ひと》の救《すく》いをお望《のぞ》みになる神《かみ》よ、
主《しゅ》キリストのとうといからだを拝領《はいりょう》した
わたしたちの祈《いの》りを聞《き》き入《い》れてください。

別離《べつり》を悲《かな》しむわたしたちが、
救《すく》いの神秘《しんぴ》によって、
永遠《えいえん》の生命《せいめい》の希望《きぼう》を見《み》いだすことができますように。
わたしたちの主《しゅ》イエス・キリストによって。

一同　**アーメン。**

198　拝領祈願の後、通常、閉祭を省き、ただちに告別と葬送に入る。

告別と葬送

199 以下の式において、一同は故人との別れを告げるとともに、復活の信仰に希望をおき、故人を神にゆだねる。

200 司式者は、次のような要素を状況に応じて自由に選択したり順序を変えたりして、式を構成することができる。

・聖歌
・故人の略歴紹介
・告別の祈り、あるいは告別の詩歌、オルガン演奏など
・弔辞、弔電
・献香、焼香あるいは献花
・遺族代表のあいさつ

201 告別の祈りとして、たとえば次のような三つの形式の祈りを用いることができる。
故人の遺志、家族や友人の希望によって、告別の詩歌、オルガン演奏などを行うこともできる。

第一形式

202

祈りへの招き

司式者はたとえば次のようなことばで一同を祈りへ招く。

司　皆《みな》さん、ここに故人《こじん》との告別《こくべつ》を行《おこな》うにあたり、主《しゅ》キリストのことばを思《おも》い起《お》こしましょう。主《しゅ》は「重荷《おもに》を負《お》う者《もの》はだれでもわたしのもとに来《き》なさい。休《やす》ませてあげよう」と仰《おお》せになりました。すべてのものにとって、主《しゅ》こそ安《やす》らぎであり、よりどころです。このことばに信頼《しんらい》をおき、故人《こじん》の旅立《たびだ》ちを見送《みおく》りましょう。

幼子の場合

司　皆《みな》さん、神《かみ》のもとに帰《かえ》る○○○○さんをお送《おく》りしましょう。「幼子《おさなご》たちがわたしのもとに来《く》ることを止《と》めてはいけない。神《かみ》の国《くに》はこのような人《ひと》たちのものである」と主《しゅ》は言《い》われます。主《しゅ》キリストのこの約束《やくそく》は、今《いま》は深《ふか》い悲《かな》しみのうちにあるわたしたちにとって、希望《きぼう》のよりどころです。天《てん》の教会《きょうかい》への旅立《たびだ》ちを見守《みまも》り、清《きよ》く汚《けが》れのない霊《れい》を神《かみ》の手《て》にゆだねましょう。

203
献香（灌水）

一同しばらく沈黙のうちに祈る。その間に司祭は柩に向かって献香する。
聖水を用いる習慣のあるところでは柩に灌水する。

204
結びの祈り

司　**祈《いの》りましょう。**（沈黙）
いつくしみ深《ふか》い父《ちち》よ、
キリストを信《しん》じてこの世《よ》を去《さ》った兄弟《きょうだい》／姉妹《しまい》○○○○をあなたにゆだねます。
わたしたちはキリストのことばに希望《きぼう》と慰《なぐさ》めをおき、
互《たが》いに励《はげ》まし合《あ》い、約束《やくそく》された復活《ふっかつ》の日《ひ》、
キリストのうちに一《ひと》つに集《あつ》まることを心《こころ》から待《ま》ち望《のぞ》みます。
わたしたちの主《しゅ》イエス・キリストによって。

一同　**アーメン。**

ここで司式者は退堂することができる。以下、214（94ページ）に続く。

第二形式

205

祈りへの招き

司式者はたとえば次のようなことばで一同を祈りへ招く。

司 皆《みな》さん、ここに故人《こじん》との告別《こくべつ》を行《おこな》うにあたり、主《しゅ》キリストのことばを思《おも》い起《お》こしましょう。主《しゅ》は「重荷《おもに》を負《お》う者《もの》はだれでもわたしのもとに来《き》なさい。休《やす》ませてあげよう」と仰《おお》せになりました。すべてのものにとって、主《しゅ》こそ安《やす》らぎであり、よりどころです。このことばに信頼《しんらい》をおき、故人《こじん》の旅立《たびだ》ちを見送《みおく》りましょう。

幼子の場合

司 皆《みな》さん、神《かみ》のもとに帰《かえ》る○○○○さんをお送《おく》りしましょう。「幼子《おさなご》たちがわたしのもとに来《く》ることを止《と》めてはいけない。神《かみ》の国《くに》はこのような人《ひと》たちのものである」と主《しゅ》は言《い》われます。主《しゅ》キリストのこの約束《やくそく》は、今《いま》は深《ふか》い悲《かな》しみのうちにあるわたしたちにとって、希望《きぼう》のよりどころです。天《てん》の教会《きょうかい》への旅立《たびだ》ちを見守《みまも》り、清《きよ》く汚《けが》れのない霊《れい》を神《かみ》の手《て》にゆだねましょう。

206

聖書朗読

司式者あるいは参列する人が、たとえば次のような聖書の箇所を朗読する。

ヨハネによる福音《ふくいん》を聞《き》きましょう。

〔そのとき、イエスは言《い》われた。〕「父《ちち》がわたしにお与《あた》えになる人《ひと》は皆《みな》、わたしのところに来《く》る。わたしのもとに来《く》る人《ひと》を、わたしは決《けっ》して追《お》い出《だ》さない。わたしが天《てん》から降《くだ》って来《き》たのは、自分《じぶん》の意志《いし》を行《おこな》うためではなく、わたしをお遣《つか》わしになった方《かた》の御心《みこころ》を行《おこな》うためである。わたしをお遣《つか》わしになった方《かた》の御心《みこころ》とは、わたしに与《あた》えてくださった人《ひと》を一人《ひとり》も失《うしな》わないで、終《お》わりの日《ひ》に復活《ふっかつ》させることである。わたしの父《ちち》の御心《みこころ》は、子《こ》を見《み》て信《しん》じる者《もの》が皆《みな》永遠《えいえん》の命《いのち》を得《え》ることであり、わたしがその人《ひと》を終《お》わりの日《ひ》に復活《ふっかつ》させることだからである。わたしをお遣《つか》わしになった父《ちち》が引《ひ》き寄《よ》せてくださらなければ、だれもわたしのもとへ来《く》ることはできない。わたしはその人《ひと》を終《お》わりの日《ひ》に復活《ふっかつ》させる。」

（ヨハネ6・37―40、44）

207

ともに祈る

先唱者と一同が交互に唱える。

先　**心《こころ》を尽《つ》くして神《かみ》をたたえ、**
すべてをあげてとうといその名《な》をほめ歌《うた》おう。
心《こころ》を尽《つ》くして神《かみ》をたたえ、
すべての恵《めぐ》みを心《こころ》に留《と》めよう。

一同　**わたしをお遣《つか》わしになった父《ちち》が引《ひ》き寄《よ》せてくださらなければ、**
だれもわたしのもとへ来《く》ることはできない。

先　**神《かみ》はわたしの罪《つみ》をゆるし、**
痛《いた》みをいやされる。
わたしのいのちを危機《きき》から救《すく》い、
いつくしみ深《ふか》く祝福《しゅくふく》される。

一同　**わたしはその人《ひと》を終《お》わりの日《ひ》に復活《ふっかつ》させる。**

先　**わたしは生涯《しょうがい》豊《ゆた》かに恵《めぐ》まれ、**

若返《わかがえ》る鷲《わし》のように、わたしのいのちは新《あら》たにされる。
神《かみ》は正義《せいぎ》のわざを行《おこな》い、
しいたげられている人《ひと》を守《まも》られる。

一同　わたしをお遣《つか》わしになった父《ちち》が引《ひ》き寄《よ》せてくださらなければ、
だれもわたしのもとへ来《く》ることはできない。

先　神《かみ》は恵《めぐ》み豊《ゆた》かに、あわれみ深《ふか》く、
怒《いか》るにおそくいつくしみ深《ふか》い。
憤《いきどお》る心《こころ》をしずめ、
いつまでも怒《いか》り続《つづ》けられない。
罪《つみ》に従《したが》ってわたしたちをあしらわず、
とがに従《したが》って罰《ばつ》を下《くだ》すことはない。

一同　わたしはその人《ひと》を終《お》わりの日《ひ》に復活《ふっかつ》させる。

先　天《てん》が地《ち》より高《たか》いように、
いつくしみは神《かみ》をおそれる人《ひと》の上《うえ》にある。
東《ひがし》と西《にし》が果《は》てしなく遠《とお》いように、

神《かみ》はわたしたちを罪《つみ》から引《ひ》き離《はな》される。

一同　**わたしをお遣《つか》わしになった父《ちち》が引《ひ》き寄《よ》せてくださらなければ、**
だれもわたしのもとへ来《く》ることはできない。

先　**父《ちち》が子《こ》どもをいつくしむように、**
神《かみ》の愛《あい》は、神《かみ》をおそれる人《ひと》の上《うえ》にある。
主《しゅ》はわたしたちの姿《すがた》を知《し》り、
ちりにすぎないことを心《こころ》に留《と》められる。

一同　**わたしをお遣《つか》わしになった父《ちち》が引《ひ》き寄《よ》せてくださらなければ、**
だれもわたしのもとへ来《く》ることはできない。
わたしはその人《ひと》を終《お》わりの日《ひ》に復活《ふっかつ》させる。

（詩編103、ヨハネ6・44より）

208
献香（灌水）

一同しばらく沈黙のうちに祈る。その間に司祭は柩に向かって献香する。
聖水を用いる習慣のあるところでは柩に灌水する。

結びの祈り

司　祈《いの》りましょう。（沈黙）

いつくしみ深《ふか》い神《かみ》である父《ちち》よ、
あなたが遣《つか》わされたひとり子《ご》キリストを信《しん》じ、
永遠《えいえん》のいのちの希望《きぼう》のうちに人生《じんせい》の旅路《たびじ》を終《お》えた○○○○を
あなたの手《て》にゆだねます。
わたしたちから離《はな》れてゆくこの兄弟《きょうだい》／姉妹《しまい》の重荷《おもに》をすべて取《と》り去《さ》り、
天《てん》に備《そな》えられた住《す》みかに導《みちび》き、聖人《せいじん》の集《つど》いに加《くわ》えてください。
別離《べつり》の悲《かな》しみのうちにあるわたしたちも、
主《しゅ》キリストが約束《やくそく》された復活《ふっかつ》の希望《きぼう》に支《ささ》えられ、
あなたのもとに召《め》された兄弟《きょうだい》／姉妹《しまい》とともに、
永遠《えいえん》の喜《よろこ》びを分《わ》かち合《あ》うことができますように。
　わたしたちの主《しゅ》イエス・キリストによって。

一同　アーメン。

幼子のため

司　祈《いの》りましょう。（沈黙）

いつくしみ深《ふか》い神《かみ》よ、

〇〇〇〇をあなたのみ手《て》にゆだねます。

別離《べつり》の悲《かな》しみにあるわたしたちも復活《ふっかつ》の信仰《しんこう》に支《ささ》えられ

希望《きぼう》のうちに生《い》きることができますように。

またいつの日《ひ》か天《てん》の花園《はなぞの》で

終《お》わりなく、ともにあなたを賛美《さんび》することができますように。

わたしたちの主《しゅ》イエス・キリストによって。

一同　アーメン。

ここで司式者は退堂することができる。以下、214（94ページ）に続く。

210

祈りへの招き

司式者はたとえば次のようなことばで一同を祈りへ招く。

司　**皆《みな》さん、ここに故人《こじん》との告別《こくべつ》を行《おこな》うにあたり、主《しゅ》キリストのことばを思《おも》い起《お》こしましょう。主《しゅ》は「重荷《おもに》を負《お》う者《もの》はだれでもわたしのもとに来《き》なさい。休《やす》ませてあげよう」と仰《おお》せになりました。すべてのものにとって、主《しゅ》こそ安《やす》らぎであり、よりどころです。このことばに信頼《しんらい》をおき、故人《こじん》の旅立《たびだ》ちを見送《みおく》りましょう。**

幼子の場合

司　**皆《みな》さん、神《かみ》のもとに帰《かえ》る〇〇〇〇さんをお送《おく》りしましょう。「幼子《おさなご》たちがわたしのもとに来《く》ることを止《と》めてはいけない。神《かみ》の国《くに》はこのような人《ひと》たちのものである」と主《しゅ》は言《い》われます。主《しゅ》キリストのこの約束《やくそく》は、今《いま》は深《ふか》い悲《かな》しみのうちにあるわたしたちにとって、希望《きぼう》のよりどころです。天《てん》の教会《きょうかい》への旅立《たびだ》ちを見守《みまも》り、清《きよ》く汚《けが》れのない霊《れい》を神《かみ》の手《て》にゆだねましょう。**

211
聖書朗読

状況に応じてたとえば次の（一）から（六）の中からふさわしいものをいくつか選んで朗読する。

（一）

先　**神《かみ》は天地万物《てんちばんぶつ》をつくり、さらに人《ひと》をご自身《じしん》にかたどっておつくりになりました。○○○○さんが地上《ちじょう》に生《せい》を受《う》けたのも、神《かみ》の恵《めぐ》みと愛《あい》によるものです。聖書《せいしょ》の詩編《しへん》の中《なか》に、神《かみ》の不思議《ふしぎ》なわざをたたえる次《つぎ》のような歌《うた》があります。**

神《かみ》よ、あなたの手《て》でつくられた大空《おおぞら》を仰《あお》ぎ、
月《つき》と星《ほし》をながめて思《おも》う。
人《ひと》とは何者《なにもの》か、なぜ、人《ひと》に心《こころ》を留《と》められるのか。
なぜ、人《ひと》の子《こ》を顧《かえり》みられるのか。
あなたは人《ひと》を神《かみ》に近《ちか》いものとし、
栄《さか》えと誉《ほま》れの冠《かんむり》を授《さず》け、
つくられたものを治《おさ》めさせ、

すべてをその足《あし》もとに置《お》かれた。
神《かみ》よ、わたしたちの神《かみ》よ、
あなたの名《な》はあまねく世界《せかい》に輝《かがや》く。

（詩編８・４―７、10）

ここでふさわしい聖歌を歌うか、一同しばらく沈黙のうちに祈る。

（二）

先　神《かみ》はすべての人《ひと》をご自分《じぶん》の子《こ》どもとするために、御《おん》ひとり子《ご》をお遣《つか》わしになりました。神《かみ》の子《こ》キリストを信《しん》じて洗礼《せんれい》を受《う》けた〇〇〇〇さんは、地上《ちじょう》の生涯《しょうがい》において、すでに神《かみ》のいのちにあずかる者《もの》とされたのです。ヨハネの福音《ふくいん》に次《つぎ》のように記《しる》されています。

（ヨハネによる福音《ふくいん》）

初《はじ》めに言《ことば》があった。言《ことば》は神《かみ》と共《とも》にあった。言《ことば》は神《かみ》であった。この言《ことば》は、初《はじ》めに神《かみ》と共《とも》にあった。万物《ばんぶつ》は言《ことば》によって成《な》った。成《な》ったもので、言《ことば》によらずに成《な》ったものは何一《なにひと》つなかった。言《ことば》の内《うち》に命《いのち》があった。命《いのち》は人間《にんげん》を照《て》らす光《ひかり》であった。光《ひかり》は暗闇《くらやみ》の中《なか》で輝《かがや》いている。暗闇《くらやみ》は光《ひかり》を理解《りかい》しなかった。その光《ひかり》は、まことの光《ひかり》で、世《よ》に来《き》てすべての人《ひと》を照《て》らすのである。言《ことば》は世《よ》にあった。世《よ》は言《ことば》によって成《な》ったが、世《よ》は言《ことば》を認《みと》めなかった。しかし、言《ことば》は、自分《じぶん》を受《う》け入《い》れた人《ひと》、その名《な》を信《しん》じる人々《ひとびと》には神《かみ》の子《こ》となる資格《しかく》を与《あた》えた。この人々《ひとびと》は、血《ち》によってではなく、肉《にく》の欲《よく》によってではなく、人《ひと》の欲《よく》によってでもなく、神《かみ》によって生《う》まれたのである。

（ヨハネ1・1―5、9―10、12―13）

ここでふさわしい聖歌を歌うか、一同しばらく沈黙のうちに祈る。

（三）

先　信仰《しんこう》の恵《めぐ》みを受《う》ける人《ひと》は皆《みな》、キリストのことばに従《したが》って生《い》きるよう努《つと》め、神《かみ》はその人《ひと》を受《う》け入《い》れてくださいます。信仰《しんこう》のうちに生《い》きた○○○○さんに、主《しゅ》は永遠《えいえん》のいのちと復活《ふっかつ》を約束《やくそく》してくださいます。主《しゅ》イエスは次《つぎ》のように仰《おお》せになりました。

（ヨハネによる福音《ふくいん》）

〔そのとき、イエスは言《い》われた。〕「父《ちち》がわたしにお与《あた》えになる人《ひと》は皆《みな》、わたしのところに来《く》る。わたしのもとに来《く》る人《ひと》を、わたしは決《けっ》して追《お》い出《だ》さない。わたしが天《てん》から降《くだ》って来《き》たのは、自分《じぶん》の意志《いし》を行《おこな》うためではなく、わたしをお遣《つか》わしになった方《かた》の御心《みこころ》を行《おこな》うためである。わたしをお遣《つか》わしになった方《かた》の御心《みこころ》とは、わたしに与《あた》えてくださった人《ひと》を一人《ひとり》も失《うしな》わないで、終《お》わりの日《ひ》に復活《ふっかつ》させることである。わたしの父《ちち》の御心《みこころ》は、子《こ》を見《み》て信《しん》じる者《もの》が皆永遠《みなえいえん》の命《いのち》を得《え》ることであり、わたしがその人《ひと》を終《お》わりの日《ひ》に復活《ふっかつ》させることだからである。」

（ヨハネ6・37—40）

ここでふさわしい聖歌を歌うか、一同しばらく沈黙のうちに祈る。

（四）

先　人《ひと》の一生《いっしょう》には、つらいことや苦《くる》しいことがたくさんあり、最後《さいご》に死《し》がきます。しかし主《しゅ》イエスは、十字架《じゅうじか》によって苦《くる》しみに意味《いみ》を与《あた》え、死《し》さえも、より豊《ゆた》かないのちの希望《きぼう》に満《み》ちたものに変《か》えてくださいました。〇〇〇〇さんは死《し》によってこのキリストの十字架《じゅうじか》の神秘《しんぴ》にあずかっています。主《しゅ》は次《つぎ》のように仰《おお》せになりました。

（ヨハネによる福音《ふくいん》）

〔そのとき、イエスは言《い》われた。〕「はっきり言《い》っておく。一粒《ひとつぶ》の麦《むぎ》は、地《ち》に落《お》ちて死《し》ななければ、一粒《ひとつぶ》のままである。だが、死《し》ねば、多《おお》くの実《み》を結《むす》ぶ。自分《じぶん》の命《いのち》を愛《あい》する者《もの》は、それを失《うしな》うが、この世《よ》で自分《じぶん》の命《いのち》を憎《にく》む人《ひと》は、それを保《たも》って永遠《えいえん》の命《いのち》に至《いた》る。」

（ヨハネ12・24―25）

ここでふさわしい聖歌を歌うか、一同しばらく沈黙のうちに祈る。

（五）

先　〇〇〇〇さんをみもとに招《まね》かれた主《しゅ》イエスは、次《つぎ》のように仰《おお》せになります。

（マタイによる福音《ふくいん》）

「さあ、わたしの父《ちち》に祝福《しゅくふく》された人《ひと》たち、天地創造《てんちそうぞう》の時《とき》からお前《まえ》たちのために用《よう》意《い》されている国《くに》を受《う》け継《つ》ぎなさい。お前《まえ》たちは、わたしが飢《う》えていたときに食《た》べさせ、のどが渇《かわ》いていたときに飲《の》ませ、旅《たび》をしていたときに宿《やど》を貸《か》し、裸《はだか》のときに着《き》せ、病気《びょうき》のときに見舞《みま》い、牢《ろう》にいたときに訪《たず》ねてくれたからだ。はっきり言《い》っておく。わたしの兄弟《きょうだい》であるこの最《もっと》も小《ちい》さい者《もの》の一人《ひとり》にしたのは、わたしにしてくれたことなのである。」

（マタイ25・34—36、40b）

ここでふさわしい聖歌を歌うか、一同しばらく沈黙のうちに祈る。

（六）

先　神《かみ》のもとに召《め》された〇〇〇〇さんは、キリストの恵《めぐ》みによって、神《かみ》の子《こ》どもとされました。今《いま》はわたしたちの手《て》で葬《ほうむ》られても、終《お》わりの日《ひ》に、神《かみ》はすべての聖《せい》なる者《もの》とともに〇〇〇〇さんを復活《ふっかつ》させ、すべてを新《あたら》しくしてくださいます。聖書《せいしょ》の終《お》わり、ヨハネの黙示《もくし》に次《つぎ》のように教《おし》えられています。

（ヨハネの黙示《もくし》）

わたし〔ヨハネ〕はまた、新《あたら》しい天《てん》と新《あたら》しい地《ち》を見《み》た。最初《さいしょ》の天《てん》と最初《さいしょ》の地《ち》は去《さ》って行《い》き、もはや海《うみ》もなくなった。更《さら》にわたしは、聖《せい》なる都《みやこ》、新《あたら》しいエルサレムが、夫《おっと》のために着飾《きかざ》った花嫁《はなよめ》のように用意《ようい》を整《ととの》えて、神《かみ》のもとを離《はな》れ、天《てん》から下《くだ》って来《く》るのを見《み》た。そのとき、わたしは玉座《ぎょくざ》から語《かた》りかける大《おお》きな声《こえ》を聞《き》いた。「見《み》よ、神《かみ》の幕屋《まくや》が人《ひと》の間《あいだ》にあって、神《かみ》が人《ひと》と共《とも》に住《す》み、人《ひと》は神《かみ》の民《たみ》となる。神《かみ》は自《みずか》ら人《ひと》と共《とも》にいて、その神《かみ》となり、彼《かれ》らの目《め》の涙《なみだ》をことごとくぬぐい取《と》ってくださる。もはや死《し》はなく、もはや悲《かな》しみも嘆《なげ》きも労苦《ろうく》もない。最初《さいしょ》のものは過《す》ぎ去《さ》ったからである。」すると、玉座《ぎょくざ》に座《すわ》っておられる方《かた》が、「見《み》よ、わたしは万物《ばんぶつ》を新《あたら》しくする」と言《い》われた。

（黙示録21・1―5a）

ここでふさわしい聖歌を歌うか、一同しばらく沈黙のうちに祈る。

212

献香（灌水）

司祭は柩に向かって献香する。聖水を用いる習慣のあるところでは柩に灌水した後、献香する。

213　**結びの祈り**

司　祈《いの》りましょう。（沈黙）

いつくしみ深《ふか》い神《かみ》である父《ちち》よ、
あなたが遣《つか》わされたひとり子《ご》キリストを信《しん》じ、
永遠《えいえん》のいのちの希望《きぼう》のうちに人生《じんせい》の旅路《たびじ》を終《お》えた〇〇〇〇を
あなたの手《て》にゆだねます。
わたしたちから離《はな》れてゆくこの兄弟《きょうだい》／姉妹《しまい》の重荷《おもに》をすべて取《と》り去《さ》り、
天《てん》に備《そな》えられた住《す》みかに導《みちび》き、聖人《せいじん》の集《つど》いに加《くわ》えてください。
別離《べつり》の悲《かな》しみのうちにあるわたしたちも、
主《しゅ》キリストが約束《やくそく》された復活《ふっかつ》の希望《きぼう》に支《ささ》えられ、
あなたのもとに召《め》された兄弟《きょうだい》／姉妹《しまい》とともに、
永遠《えいえん》の喜《よろこ》びを分《わ》かち合《あ》うことができますように。
　わたしたちの主《しゅ》イエス・キリストによって。

一同　アーメン。

幼子のため

司　祈《いの》りましょう。（沈黙）

いつくしみ深《ふか》い神《かみ》よ、

〇〇〇〇をあなたのみ手《て》にゆだねます。

別離《べつり》の悲《かな》しみにあるわたしたちも復活《ふっかつ》の信仰《しんこう》に支《ささ》えられ

希望《きぼう》のうちに生《い》きることができますように。

またいつの日《ひ》か天《てん》の花園《はなぞの》で

終《お》わりなく、ともにあなたを賛美《さんび》することができますように。

わたしたちの主《しゅ》イエス・キリストによって。

一同　アーメン。

ここで司式者は退堂することができる。

214

弔辞、弔電

通常は参列者の代表が行うが、教会共同体を代表して信徒が行うこともできる。

215

献花（焼香）

遺族と参列者は花を供えるか焼香して故人に別れを告げる。その間、聖歌を歌うかオルガン演奏などをするとよい。

司式者は献花あるいは焼香の後に退堂することもできる。

司式者は、献花（焼香）の意味を、たとえば次のように説明することもできる。

司　**わたしたちはこの人生《じんせい》の途上《とじょう》において故人《こじん》と出会《であ》い、かかわりをもちました。今《いま》、故人《こじん》をしのんでお花《はな》を供《そな》えながら、敬意《けいい》と感謝《かんしゃ》を表《あらわ》しましょう。**

幼子の場合

司　**〇〇〇さんの誕生《たんじょう》**（または **成長《せいちょう》**）**は、わたしたちに大《おお》きな希望《きぼう》を与《あた》えてくれました。今《いま》は神《かみ》のみもとで安《やす》らぐ〇〇〇さんをしのんでお花《はな》を供《そな》えましょう。**

焼香を行う場合

司　**皆《みな》さん、人《ひと》の体《からだ》は神《かみ》によってつくられ、神《かみ》の栄光《えいこう》を表《あらわ》しています。わたしたちの祈《いの》りと願《ねが》いがこの香《こう》の煙《けむり》のように、天《てん》の父《ちち》のもとまで届《とど》くよう祈《いの》りましょう。**

216

遺族代表のあいさつ

遺族代表が参列者にあいさつする。

参列者が多いときは弔辞、弔電の後にあいさつし、参列者は献花あるいは焼香がすみ次第、退場することもできる。

217

葬送と出棺（天上の教会への旅立ち）

葬送と出棺は、たとえば次のような方法で行うことができる。

司式者は柩に花をそえ、故人に十字架のしるしをすることができる。

場合によってはたとえば次のように述べることもできる。

司　**再《ふた》びまみえる希《き》望《ぼう》のうちに、〇〇〇〇さんとともに生《い》きた日《ひ》々《び》を神《かみ》の前《まえ》で静《しず》かに思《おも》い起《お》こし、お別《わか》れをいたしましょう。**

続いて遺族が柩に花をそえて別れを告げ、柩を閉じる。

行列に入る前に、司式者はたとえば次のようなことばで柩を送ることができる。

司　**〇〇〇〇さんを永遠《えいえん》の住《す》まいにお送《おく》りいたしましょう。**

または

司　世《よ》を照《て》らすキリストによって教会《きょうかい》に招《まね》かれた故人《こじん》は、同《おな》じように今《いま》、キリストによって栄光《えいこう》に輝《かがや》く教会《きょうかい》へと導《みちび》かれています。「あなたは今日《きょう》わたしと一緒《いっしょ》に楽園《らくえん》にいる」と主《しゅ》は言《い》われました。このことばを信《しん》じ、新《あら》たな出会《であ》いへの希望《きぼう》のうちにお送《おく》りいたしましょう。

復活のろうそくを手に司式者が柩を先導することができる。

行列が始まると聖歌を歌うことができる。

教会に鐘楼がある場合は、鐘を鳴らすことができる。

墓地まで行列する習慣のあるところでは、行列の間、聖歌を歌ったり、適当な祈りを唱える。

付録

付録一　種々の祈願

1　教皇のため

集会祈願

司　信《しん》じる者《もの》の希望《きぼう》である神《かみ》よ、
あなたのしもべ、教皇《きょうこう》○○○を顧《かえり》みてください。
聖《せい》ペトロの後継者《こうけいしゃ》、全教会《ぜんきょうかい》の牧者《ぼくしゃ》に選《えら》ばれて、あなたに仕《つか》えた教皇《きょうこう》が、
豊《ゆた》かな報《むく》いを受《う》け、
諸聖人《しょせいじん》とともに救《すく》いの恵《めぐ》みをたたえることができますように。
聖霊《せいれい》による一致《いっち》のうちに、あなたとともに神《かみ》であり、世々《よよ》とこしえに生《い》き、
治《おさ》められる御子《おんこ》、わたしたちの主《しゅ》イエス・キリストによって。

一同　アーメン。

司

奉納祈願

聖《せい》なる父《ちち》よ、
ここに記念《きねん》される御子《おんこ》の死《し》と復活《ふっかつ》の神秘《しんぴ》によって
教皇《きょうこう》〇〇〇にいつくしみを注《そそ》ぎ、
救《すく》いの恵《めぐ》みで満《み》たしてください。
わたしたちの主《しゅ》イエス・キリストによって。

一同　アーメン。

司

拝領祈願

いつくしみ深《ふか》い父《ちち》よ、
主《しゅ》の食卓《しょくたく》にあずかったわたしたちの祈《いの》りを聞《き》き入《い》れてください。
教会《きょうかい》の礎《いしずえ》に選《えら》ばれた教皇《きょうこう》〇〇〇が、
あなたの民《たみ》とともに永遠《えいえん》のいのちにあずかることができますように。
わたしたちの主《しゅ》イエス・キリストによって。

一同　アーメン。

2　司教のため

集会祈願

司　救《すく》いの源《みなもと》である神《かみ》よ、
あなたは○○○○を司教《しきょう》に選《えら》び、使徒《しと》の後継者《こうけいしゃ》としてくださいました。
生涯《しょうがい》を、神《かみ》の民《たみ》への奉仕《ほうし》にささげた者《もの》が、
使徒《しと》たちとともに、永遠《えいえん》の報《むく》いを受《う》けることができますように。
聖霊《せいれい》による一致《いっち》のうちに、あなたとともに神《かみ》であり、世々《よよ》とこしえに生《い》き、
治《おさ》められる御子《おんこ》、わたしたちの主《しゅ》イエス・キリストによって。

一同　アーメン。

奉納祈願

司　聖《せい》なる父《ちち》よ、
司教《しきょう》〇〇〇〇のために、この供《そな》えものをささげて祈《いの》ります。
大祭司《だいさいし》キリストに結《むす》ばれた者《もの》が、
諸聖人《しょせいじん》とともに、永遠《えいえん》にあなたの栄光《えいこう》をたたえることができますように。
わたしたちの主《しゅ》イエス・キリストによって。

一同　アーメン。

拝領祈願

司　全能《ぜんのう》の、神《かみ》である父《ちち》よ、
キリストの代理者《だいりしゃ》として民《たみ》を導《みちび》いた司教《しきょう》〇〇〇〇が、
キリストの死《し》と復活《ふっかつ》にあずかり、天《てん》の国《くに》に迎《むか》えられますように。
わたしたちの主《しゅ》イエス・キリストによって。

一同　アーメン。

3　司祭、助祭のため

集会祈願

司　救《すく》いの源《みなもと》である神《かみ》よ、
あなたは〇〇〇を司祭《しさい》（助祭《じょさい》）とし、
神《かみ》の国《くに》を告《つ》げ知《し》らせるとうとい務《つと》めをお与《あた》えになりました。
みもとに召《め》されたしもべが、栄光《えいこう》の輝《かがや》きのうちに憩《いこ》うことができますように。
聖霊《せいれい》による一致《いっち》のうちに、あなたとともに神《かみ》であり、世々《よよ》とこしえに生《い》き、
治《おさ》められる御子《おんこ》、わたしたちの主《しゅ》イエス・キリストによって。

一同　アーメン。

または

司　いつくしみ深《ふか》い神《かみ》よ、
あなたに仕《つか》えてその生涯《しょうがい》を全《まっと》うした司祭《しさい》（助祭《じょさい》）○○○○を顧《かえり》みてください。
過越《すぎこし》の神秘《しんぴ》によって死《し》の束縛《そくばく》から解放《かいほう》され、
永遠《えいえん》のいのちに入《はい》ることができますように。
聖霊《せいれい》による一致《いっち》のうちに、あなたとともに神《かみ》であり、世々《よよ》とこしえに生《い》き、
治《おさ》められる御子《おんこ》、わたしたちの主《しゅ》イエス・キリストによって。

一同　アーメン。

奉納祈願

司　全能《ぜんのう》の神《かみ》よ、
ここにささげる供《そな》えものを顧《かえり》みてください。
祭壇《さいだん》であなたに忠実《ちゅうじつ》に仕《つか》えたしもべ○○○○が、
救《すく》いの喜《よろこ》びにあずかることができますように。
わたしたちの主《しゅ》イエス・キリストによって。

一同　アーメン。

または

司　聖《せい》なる父《ちち》よ、
この供《そな》えものを受《う》け入《い》れてください。
一生《いっしょう》をささげてキリストに仕《つか》えた司祭《しさい》（助祭《じょさい》）○○○○が、
すべての忠実《ちゅうじつ》なしもべとともに、
復活《ふっかつ》の栄光《えいこう》にあずかることができますように。
　わたしたちの主《しゅ》イエス・キリストによって。

一同　アーメン。

拝領祈願

司　いつくしみ深《ふか》い神《かみ》よ、
とうとい秘跡《ひせき》に強《つよ》められて祈《いの》ります。
救《すく》いの神秘《しんぴ》の奉仕者《ほうししゃ》であった司祭《しさい》（助祭《じょさい》）○○○○が、
救《すく》いの喜《よろこ》びを味《あじ》わうことができますように。
　わたしたちの主《しゅ》イエス・キリストによって。

一同　アーメン。

または

司　いのちの源《みなもと》である父《ちち》よ、
主《しゅ》の死《し》と復活《ふっかつ》の神秘《しんぴ》にあずかって祈《いの》ります。
司祭《しさい》（助祭《じょさい》）として教会《きょうかい》に奉仕《ほうし》した○○○○を顧《かえり》み、
永遠《えいえん》の喜《よろこ》びに導《みちび》いてください。
　わたしたちの主《しゅ》イエス・キリストによって。

一同　アーメン。

4　修道者のため

司
集会祈願
全能《ぜんのう》の、神《かみ》である父《ちち》よ、
主《しゅ》キリストの招《まね》きにこたえて
修道生活《しゅうどうせいかつ》を全《まっと》うした〇〇〇〇を顧《かえり》みてください。
あなたの栄光《えいこう》を仰《あお》ぎ見《み》るすべての兄弟姉妹《きょうだいしまい》とともに、
神《かみ》の国《くに》の幸《しあわ》せを分《わ》かち合《あ》うことができますように。
聖霊《せいれい》による一致《いっち》のうちに、あなたとともに神《かみ》であり、世々《よよ》とこしえに生《い》き、
治《おさ》められる御子《おんこ》、わたしたちの主《しゅ》イエス・キリストによって。

一同　アーメン。

5　信徒のため

集会祈願

司　いつくしみ深《ふか》い神《かみ》よ、
あなたを信《しん》じる者《もの》には永遠《えいえん》のいのちが約束《やくそく》されています。
○○○○のためにささげるわたしたちの祈《いの》りを聞《き》き入《い》れてください。
亡《な》くなったわたしたちの兄弟《きょうだい》／姉妹《しまい》が死《し》の闇《やみ》を通《とお》り抜《ぬ》け、
光《ひかり》の国《くに》に迎《むか》えられますように。
　聖霊《せいれい》による一致《いっち》のうちに、あなたとともに神《かみ》であり、世々《よよ》とこしえに生《い》き、
治《おさ》められる御子《おんこ》、わたしたちの主《しゅ》イエス・キリストによって。

一同　アーメン。

奉納祈願

司　全能《ぜんのう》の神《かみ》よ、

わたしたちの供《そな》えものと祈《いの》りを受《う》け入《い》れてください。
みもとに召《め》された○○○○が罪《つみ》の重荷《おもに》を解《と》かれ、
聖人《せいじん》たちとともに、
あなたの栄光《えいこう》をほめたたえることができますように。
　わたしたちの主《しゅ》イエス・キリストによって。

一同　アーメン。

拝領祈願

司　いつくしみ深《ふか》い神《かみ》よ、
いのちの糧《かて》に養《やしな》われて祈《いの》ります。
○○○○が、御子《おんこ》の死《し》と復活《ふっかつ》の力《ちから》によって罪《つみ》のきずなから解放《かいほう》され、
永遠《えいえん》の喜《よろこ》びに入《はい》ることができますように。
　わたしたちの主《しゅ》イエス・キリストによって。

一同　アーメン。

6　兄弟／姉妹、親族、恩人のため

司　**集会祈願**

人類《じんるい》の救《すく》いを喜《よろこ》び、罪《つみ》びとをゆるされる神《かみ》よ、
いつくしみをもってわたしたちの祈《いの》りを聞《き》き入《い》れてください。
この世《よ》を去《さ》ったわたしたちの兄弟《きょうだい》／姉妹《しまい》、親族《しんぞく》、恩人《おんじん》が、
聖母《せいぼ》マリアとすべての聖人《せいじん》の取《と》り次《つ》ぎに助《たす》けられ、
終《お》わることのない幸《しあわ》せにあずかることができますように。
　聖霊《せいれい》による一致《いっち》のうちに、あなたとともに神《かみ》であり、世々《よよ》とこしえに生《い》き、
　治《おさ》められる御子《おんこ》、わたしたちの主《しゅ》イエス・キリストによって。

一同　アーメン。

司　**奉納祈願**

いつくしみ深《ふか》い神《かみ》よ、

供《そな》えものをささげて祈《いの》ります。
この世《よ》を去《さ》ったわたしたちの兄弟《きょうだい》／姉妹《しまい》、親族《しんぞく》、恩人《おんじん》が、
主《しゅ》の過越《すぎこし》の神秘《しんぴ》によって永遠《えいえん》のいのちに導《みちび》かれますように。
わたしたちの主《しゅ》イエス・キリストによって。

一同　アーメン。

拝領祈願

司　全能永遠《ぜんのうえいえん》の神《かみ》よ、
とうとい秘跡《ひせき》にあずかって祈《いの》ります。
あなたのもとに召《め》された人々《ひとびと》が罪《つみ》の束縛《そくばく》から解放《かいほう》され、
終《お》わりのない喜《よろこ》びに入《はい》ることができますように。
わたしたちの主《しゅ》イエス・キリストによって。

一同　アーメン。

7　幼子のため

集会祈願

洗礼を受けた幼子のため

司　全能《ぜんのう》の神《かみ》よ、
あなたは、永遠《えいえん》のはからいによって幼《おさな》いいのちをお召《め》しになりました。
あなたの子《こ》どもとなり、
今《いま》は永遠《えいえん》の国《くに》に住《す》む幼子《おさなご》と、
いつかわたしたちもその喜《よろこ》びをともにすることができますように。
聖霊《せいれい》による一致《いっち》のうちに、あなたとともに神《かみ》であり、世々《よよ》とこしえに生《い》き、
治《おさ》められる御子《おんこ》、わたしたちの主《しゅ》イエス・キリストによって。

一同　アーメン。

洗礼を受けていない幼子のため

司　心《こころ》のうれいを取《と》り去《さ》り、慰《なぐさ》めをお与《あた》えになる神《かみ》よ、

あなたは、幼子《おさなご》をなくした人々《ひとびと》の悲《かな》しみも信仰《しんこう》もご存《ぞん》じです。
わたしたちのもとを去《さ》った幼子《おさなご》が、
いつくしみのみ手《て》に抱《いだ》かれていることを悟《さと》らせてください。
聖霊《せいれい》による一致《いっち》のうちに、あなたとともに神《かみ》であり、世々《よよ》とこしえに生《い》き、
治《おさ》められる御子《おんこ》、わたしたちの主《しゅ》イエス・キリストによって。

一同　アーメン。

奉納祈願

洗礼を受けた幼子のため

司　あわれみ深《ふか》い神《かみ》よ、
この供《そな》えものをとうといものにしてください。
この幼子《おさなご》をみ手《て》にゆだねるわたしたちが、
あなたの国《くに》で再会《さいかい》の喜《よろこ》びを味《あじ》わうことができますように。
わたしたちの主《しゅ》イエス・キリストによって。

一同　アーメン。

洗礼を受けていない幼子のため

司
全能《ぜんのう》の神《かみ》よ、
この供《そな》えものをわたしたちのささげものとしてお受《う》けください。
信頼《しんらい》をもってみ旨《むね》に従《したが》うわたしたちが、
いつもあなたのあわれみに支《ささ》えられますように。
わたしたちの主《しゅ》イエス・キリストによって。

一同
アーメン。

拝領祈願

司
すべての人《ひと》の救《すく》いをお望《のぞ》みになる神《かみ》よ、
主《しゅ》キリストのとうといからだを拝領《はいりょう》した
わたしたちの祈《いの》りを聞《き》き入《い》れてください。
別離《べつり》を悲《かな》しむわたしたちが、
救《すく》いの神秘《しんぴ》によって、永遠《えいえん》の生命《せいめい》の希望《きぼう》を見《み》いだすことができますように。
わたしたちの主《しゅ》イエス・キリストによって。

一同　アーメン。

8　年若く世を去った人のため

集会祈願

司　すべて、人《ひと》のいのちをつかさどられる神《かみ》よ、
悲《かな》しみのうちにささげるわたしたちの祈《いの》りを聞《き》き入《い》れてください。
年若《としわか》くこの世《よ》を去《さ》った兄弟《きょうだい》／姉妹《しまい》〇〇〇が、
あなたの国《くに》で永遠《えいえん》のいのちを喜《よろこ》ぶことができますように。
聖霊《せいれい》による一致《いっち》のうちに、あなたとともに神《かみ》であり、世々《よよ》とこしえに生《い》き、
治《おさ》められる御子《おんこ》、わたしたちの主《しゅ》イエス・キリストによって。

一同　アーメン。

9　福音宣教に尽くした人のため

集会祈願

司　いつくしみ深《ふか》い神《かみ》よ、
福音宣教《ふくいんせんきょう》に尽《つ》くした兄弟《きょうだい》／姉妹《しまい》〇〇〇〇のためにささげる
わたしたちの祈《いの》りを聞《き》き入《い》れてください。
この兄弟《きょうだい》／姉妹《しまい》が、約束《やくそく》されたあなたの国《くに》に迎《むか》えられ、
安《やす》らかに憩《いこ》うことができますように。
　聖霊《せいれい》による一致《いっち》のうちに、あなたとともに神《かみ》であり、世々《よよ》とこしえに生《い》き、
治《おさ》められる御子《おんこ》、わたしたちの主《しゅ》イエス・キリストによって。

一同　アーメン。

10　長い病気の後に亡くなった人のため

集会祈願

司　いつくしみ深《ふか》い父《ちち》よ、
長《なが》い間《あいだ》病気《びょうき》と戦《たたか》い、
そのいのちをあなたにゆだねた○○○○を顧《かえり》みてください。
御子《おんこ》イエスの苦《くる》しみにあずかった者《もの》が、
復活《ふっかつ》の栄光《えいこう》にもあずかることができますように。
　聖霊《せいれい》による一致《いっち》のうちに、あなたとともに神《かみ》であり、世々《よよ》とこしえに生《い》き、
治《おさ》められる御子《おんこ》、わたしたちの主《しゅ》イエス・キリストによって。

一同　アーメン。

11　思いがけない死にあった人のため

集会祈願

司　すべてを治《おさ》められる神《かみ》よ、
○○○○の思《おも》いがけない死《し》を悼《いた》み、あなたを信頼《しんらい》して祈《いの》ります。
みもとに召《め》された○○○○を顧《かえり》み、
すべての罪《つみ》をゆるして永遠《えいえん》の国《くに》に迎《むか》え入《い》れてください。
聖霊《せいれい》による一致《いっち》のうちに、あなたとともに神《かみ》であり、世々《よよ》とこしえに生《い》き、
治《おさ》められる御子《おんこ》、わたしたちの主《しゅ》イエス・キリストによって。

一同　アーメン。

付録二　聖書朗読箇所

１　成人のため

第一朗読（旧約聖書）
(a)ヨブ14・１―３、10―15　時を定めてください、わたしを思い起こす時を
(b)ヨブ19・１、23―27ａ　わたしは知っている、わたしを贖う方は生きておられる
(c)イザヤ25・６ａ、７―９　主は死を永久に滅ぼしてくださる
(d)哀歌３・17―26　主の救いを黙して待てば、幸いを得る
(e)ダニエル12・１―３　多くの者が地の塵の中の眠りから目覚める
(f)二マカバイ12・43―45　死者の復活に思いを巡らす立派で高尚な行い
(g)知恵２・１―４ａ、22―23、３・１―９　神は人間を不滅な者として創造された
(h)知恵３・１―９　または　３・１―６、９　神に従う人の魂は神の手で守られる
(i)知恵４・７―15　汚れのない生涯こそ長寿である

第一朗読（復活節に旧約聖書のかわりに）
(a)使徒言行録10・34―43　または　10・34―36、42―43　イエスは生きている者と死んだ者との審判者として神から定められた方

(b)黙示録14・13　主に結ばれて死ぬ人は幸い
(c)黙示録20・11～21・1　彼らは自分の行いに応じて裁かれた
(d)黙示録21・1―5a、6b―7　もはや死はない

答唱詩編（第一朗読にあうものを選び、適当な節を歌う）

(a)詩編23　[典]123「主はわれらの牧者」
(b)詩編25　[典]77「神よあなたの道を示し」、[典]137「すべての人の救いを」、[典]139「すべての人の救いを(2)」
(c)詩編27　[典]73「神よあなたの顔の光を」、[典]90「心静かにわたしは憩う」、[典]119「主はわたしの光」
(d)詩編30　[典]65「神はわたしを救われる」
(e)詩編42　[典]144「谷川の水を求めて」
(f)詩編63　[典]10「荒れ地のかわき果てた土のように」、[典]167「わがこころ喜びに」
(g)詩編103　[典]93「心を尽くして神をたたえ」
(h)詩編116　[典]11「荒れ地のかわき果てた土のように」、[典]82「神を敬う人の死は」、[典]97「このパンを食べ」
(i)詩編122　[典]173「わたしたちは神の民」
(j)詩編130　[典]62「神はわたしの唯一の望み」、[典]117「主は豊かなあがないに満ち」、[典]118「主は豊かなあがないに満ち(2)」

第二朗読（使徒書）

(a)ローマ5・5―11　わたしたちはキリストの血によって義とされたのだから、キリストによって神の

怒りから救われるのは、なおさらのことである。
(b)ローマ5・17―21　罪が増したところには、恵みはなおいっそう満ちあふれた
(c)ローマ6・3―9　または　6・3―4、8―9　わたしたちも新しい命に生きる
(d)ローマ8・14―23　わたしたちは体が贖われることを待ち望んでいる
(e)ローマ8・31b―35、37―39　だれが、キリストの愛からわたしたちを引き離すことができよう
(f)ローマ14・7―9、10c―12　わたしたちは生きるとすれば主のために生き、死ぬとすれば主のために死ぬ
(g)一コリント15・1―5、11　あなたがたは福音によって救われる
(h)一コリント15・12、16―20　死者が復活しないのなら、キリストも復活しなかったはずである
(i)一コリント15・20―24a、25―28　または　15・20―23　キリストによってすべての人が生かされる
(j)一コリント15・51―57　死は勝利にのみ込まれた
(k)二コリント4・14～5・1　見えるものは過ぎ去るが、見えないものは永遠に存続する
(l)二コリント5・1、6―10　天にある永遠の住みか
(m)フィリピ3・20～4・1　キリストは、わたしたちの卑しい体を、御自分の栄光ある体と同じ形に変えてくださる
(n)一テサロニケ4・13―18　わたしたちはいつまでも主と共にいることになる
(o)二テモテ2・8―13　キリストと共に死んだのなら、キリストと共に生きるようになる
(p)一ペトロ1・3―9　今しばらくの間、いろいろな試練に悩まねばならないかもしれないが、あなたがたは、心から喜んでいる
(q)一ヨハネ3・1―2　わたしたちは御子をありのままに見る

(r)一ヨハネ3・14、16―20　自分が死から命へと移ったのを知っているのは、兄弟を愛しているからである

(s)一ヨハネ4・7―10　神は愛である

アレルヤ唱（福音朗読にあうものを選ぶ。四旬節にはアレルヤをひかえ、典261または263の詠唱の旋律で歌う）

(a)マタイ11・25　典275①
(b)マタイ25・34　典275②
(c)ヨハネ3・16　典275③
(d)ヨハネ6・39　典275④
(e)ヨハネ6・40　典275⑤
(f)ヨハネ11・25a　典275⑥
(g)二コリント1・3＋4　典275⑪
(h)フィリピ3・20　典275⑦
(i)二テモテ2・11＋12a　典275⑧
(j)黙示録1・5＋6　典275⑨
(k)黙示録14・13　典275⑩

福音朗読

(a)マタイ5・1―12a　喜びなさい。大いに喜びなさい。天には大きな報いがある

(b)マタイ11・25―30　疲れた者はわたしのもとに来なさい。休ませてあげよう

(c)マタイ25・1―13　花婿だ。迎えに出なさい
(d)マタイ25・31―46　わたしの父に祝福された人たち
(e)マルコ14・32―36　わたしが願うことではなく、御心に適うことが行われますように
(f)マルコ15・33―39、16・1―6　または　15・33―39　イエスは大声を出して息を引き取られた
(g)ルカ2・22b、25―32　主よ、今こそあなたは僕を安らかに去らせてくださいます
(h)ルカ7・11―17　若者よ、あなたに言う。起きなさい
(i)ルカ12・35―40　あなたがたも用意していなさい
(j)ルカ23・33、39―43　あなたは今日わたしと一緒に楽園にいる
(k)ルカ23・44―46、50、52―53、24・1―6a　または　23・44―46、50、52―53
父よ、わたしの霊を御手にゆだねます
(l)ルカ24・13―35　または　24・13―16、28―35　メシアは苦しみを受けて、栄光に入るはずだったのではないか
(m)ヨハネ3・16―17　神が御子を世に遣わされたのは、御子によって世が救われるためである
(n)ヨハネ5・24―29　わたしの言葉を聞いて信じる者は、死から命へと移っている
(o)ヨハネ6・37―40　父の御心は、子を見て信じる者が皆永遠の命を得ることであり、わたしがその人を終わりの日に復活させることである
(p)ヨハネ6・51―58　このパンを食べる人は永遠に生き、わたしはその人を終わりの日に復活させる
(q)ヨハネ10・14―16　わたしは羊のために命を捨てる
(r)ヨハネ11・17―27　または　11・21―27　わたしは復活であり、命である
(s)ヨハネ11・32―45　ラザロ、出て来なさい

(t)ヨハネ12・23―28　または　12・23―26　一粒の麦が死ねば、多くの実を結ぶ
(u)ヨハネ14・1―6　わたしの父の家には住む所がたくさんある
(v)ヨハネ17・24―26　わたしに与えてくださった人々を、わたしのいる所に、共におらせてください
(w)ヨハネ19・17―18、25―30　イエスは頭を垂れて息を引き取られた

2　洗礼を受けた幼子のため

第一朗読（旧約聖書）

(a)ヨブ14・1―3、10―15　時を定めてください、わたしを思い起こす時を
(b)イザヤ25・6a、7―9　主は死を永久に滅ぼしてくださる
(c)哀歌3・22―26　主の救いを黙して待てば、幸いを得る
(d)知恵2・23、3・1―6、9　神に従う人の魂は神の手で守られる

第一朗読（復活節に旧約聖書のかわりに）

(a)黙示録7・9―10、15―17　神が彼らの目から涙をことごとくぬぐわれる
(b)黙示録21・1a、3―5a　もはや死はない

答唱詩編（第一朗読にあうものを選び、適当な節を歌う）

(a)詩編23　典123「主はわれらの牧者」
(b)詩編25　典77「神よあなたの道を示し」、典137「すべての人の救いを」、典139「すべての人の救いを(2)」

(c)詩編42　典144「谷川の水を求めて」
(d)詩編148　典20「いのちあるすべてのものは」、典30「かみさまのあいは」

第二朗読（使徒書）
(a)ローマ6・3—4、8—9　わたしたちはキリストと共に生きることを信じる
(b)ローマ14・7—9　わたしたちは生きるとすれば主のために生き、死ぬとすれば主のために死ぬ
(c)一コリント15・20—23　キリストによってすべての人が生かされることになる
(d)エフェソ1・3—5　天地創造の前に、神はわたしたちを聖なる者にしようと、キリストにおいてお選びになった
(e)一テサロニケ4・13—14、18　わたしたちはいつまでも主と共にいることになる

アレルヤ唱（福音朗読にあうものを選ぶ。四旬節にはアレルヤをひかえ、典261または263の詠唱の旋律で歌う）
(a)マタイ11・25　典275①
(b)ヨハネ6・39　典275④
(c)二コリント1・3＋4　典275⑪

福音朗読
(a)マタイ11・25—30　疲れた者はわたしのもとに来なさい。休ませてあげよう
(b)マタイ18・1—5、10　心を入れ替えて子供のようにならなければ、決して天の国に入ることはできない

(c)マルコ14・32―36　わたしが願うことではなく、御心に適うことが行われますように
(d)ヨハネ6・37―40　または　6・37―39　父の御心は、子を見て信じる者が皆永遠の命を得ることであり、わたしがその人を終わりの日に復活させることである
(e)ヨハネ6・51―58　このパンを食べる人は永遠に生き、わたしはその人を終わりの日に復活させる
(f)ヨハネ11・32―38、40　もし信じるなら、神の栄光が見られる
(g)ヨハネ19・25―30　見なさい。あなたの母です

3

洗礼を受けていない幼子のため

第一朗読（旧約聖書）

(a)ヨブ14・1―3、10―15　時を定めてください、わたしを思い起こす時を
(b)イザヤ25・6a、7―8b　主は死を永久に滅ぼしてくださる
(c)哀歌3・22―26　主の救いを黙して待てば、幸いを得る

第一朗読（新約聖書）

(a)ローマ14・7―9　わたしたちは、生きるとすれば主のために生き、死ぬとすれば主のために死ぬ
(b)一ヨハネ4・7―10　神は愛である
(c)黙示録7・9―10、15―17　神が彼らの目から涙をことごとくぬぐわれる
(d)黙示録21・1a、3―5a　もはや死はない

答唱詩編（第一朗読にあうものを選び、適当な節を歌う）

(a)詩編25　典77「神よあなたの道を示し」、典137「すべての人の救いを」、典139「すべての人の救いを(2)」

アレルヤ唱（福音朗読にあうものを選ぶ。四旬節にはアレルヤをひかえ、典261または263の詠唱の旋律で歌う）

(a)二コリント1・3＋4　典275⑪

(b)黙示録1・5＋6　典275⑨

福音朗読

(a)マタイ11・25―30　疲れた者はわたしのもとに来なさい。休ませてあげよう

(b)マタイ18・1―5、10　心を入れ替えて子供のようにならなければ、決して天の国に入ることはできない

(c)マルコ14・32―36　わたしが願うことではなく、御心に適うことが行われますように

(d)マルコ15・33―46　イエスは大声を出して息を引き取られた

(e)ヨハネ10・14―16　わたしは羊のために命を捨てる

(f)ヨハネ11・32―38、40　もし信じるなら、神の栄光が見られる

(g)ヨハネ19・25―30　見なさい。あなたの母です

カトリック儀式書別冊　葬儀ミサ——『ミサの式次第（二〇二二新版）』準拠

二〇二三年八月二十八日発行

日本カトリック司教協議会認可

編集　日本カトリック典礼委員会
発行　カトリック中央協議会
〒一三五―八五八五　東京都江東区潮見二―一〇―一〇
日本カトリック会館内
☎〇三―五六三二―四四一一（代表）
☎〇三―五六三二―四四二九（出版部）
https://www.cbcj.catholic.jp/

印刷　大日本印刷株式会社

ISBN978-4-87750-245-4　C3016　

乱丁本・落丁本は、弊協議会出版部あてにお送りください。弊協議会送料負担にてお取り替えいたします。